Félix Morin

Table des matières

D1456984

méninges

à vos méninges 1

Remarque : Il peut y avoir plus d'une bonne réponse par question.

1. Quelle est l'espérance de vie en bonne santé dans les pays industrialisés ?

- ○ **a)** 82 ans.
- ○ **b)** 78 ans.
- ○ **c)** 80 ans.
- ○ **d)** 67 ans.
- ○ **e)** Aucune des réponses précédentes.

2. Quel est l'écart, en années, entre l'espérance de vie totale et l'espérance de vie en bonne santé ?

- ○ **a)** 0
- ○ **b)** 6
- ○ **c)** 9
- ○ **d)** 11
- ○ **e)** 13

3. À part les 5 habitudes de vie identifiées par l'OMS, indiquez trois autres habitudes qui ont une influence certaine sur notre santé.

1. _____

2. _____

3. _____

4. Quelles sont les habitudes de vie les plus nuisibles à la santé ?

- ○ **a)** L'abus de médicaments.
- ○ **b)** Le manque de sommeil.
- ○ **c)** Le manque d'exercice.
- ○ **d)** La consommation de drogues.
- ○ **e)** L'excès de vitesse en voiture.
- ○ **f)** Une alimentation déséquilibrée.
- ○ **g)** L'excès de stress.
- ○ **h)** Le tabagisme.
- ○ **i)** L'exposition aux rayons ultraviolets.
- ○ **j)** Les relations sexuelles non protégées.
- ○ **k)** L'abus d'alcool.

5. À quoi sont dues les maladies qui grèvent le plus le budget de la santé ?

- ○ **a)** À l'hérédité.
- ○ **b)** Aux dérèglements hormonaux.
- ○ **c)** Au vieillissement de la population.
- ○ **d)** À certaines habitudes de vie.
- ○ **e)** Aux bactéries et aux virus.

6. Dans la liste suivante, indiquez les maladies qui sont parmi les plus fréquentes aujourd'hui.

- ○ **a)** La tuberculose.
- ○ **b)** Les maladies du cœur.
- ○ **c)** La grippe.
- ○ **d)** Le diabète de type 2.
- ○ **e)** La pneumonie.

7. Associez chacune des six dimensions de la santé (liste de gauche) à sa définition (liste de droite).

Dimensions	Définitions
1. Santé physique	a) Participation à l'effort collectif de dépollution de son environnement immédiat et de la planète.
2. Santé mentale	b) Capacité à adopter un ensemble de valeurs et de principes qui donnent un sens et un but à sa vie.
3. Santé émotive	c) Capacité à avoir des relations interpersonnelles satisfaisantes.
4. Santé spirituelle	d) Capacité à vivre ses émotions de façon à se sentir en accord avec soi-même la plupart du temps.
5. Santé sociale	e) Bon fonctionnement du corps assuré par l'adoption d'un mode de vie énergisant.
6. Santé environnementale	f) Capacité à apprendre, à s'émerveiller et à s'accomplir sur le plan intellectuel.

8. Pourquoi l'approche préventive progresse-t-elle à petits pas dans notre société ? Donnez deux raisons.

1. _____

2. _____

9. Nous proposons dans ce chapitre un plan d'action pour changer une habitude de vie. Donnez les trois étapes de ce plan.

Étape 1 _____

Étape 2 _____

Étape 3 _____

10. Expliquez brièvement ce qu'on entend par l'expression « les habitudes aiment la compagnie »?

_____

_____

_____

_____

_____

BILAN 1.1

Vos habitudes de vie

Avant de faire ce bilan qui porte sur les cinq habitudes de vie les plus nuisibles à la santé (voir le zoom 1.1 pour les autres comportements à risque), apprenez d'abord à distinguer les niveaux d'intensité de l'activité physique. Le tableau ci-dessous vous aidera à comprendre ce qu'on entend par une activité physique d'intensité faible, moyenne ou élevée.

Intensité de l'activité physique

Activité physique d'intensité...	Signes physiques observables	Quelques exemples
faible	Pouls à peine plus élevé qu'au repos ; respiration presque régulière ; aucune sudation.	Marche lente, volley-ball récréatif, billard, tâches ménagères légères, golf miniature, tir à l'arc, quilles.
moyenne	Pouls nettement plus élevé qu'au repos (au moins 30 battements de plus) ; respiration plus rapide ; légère sudation.	Marche rapide, tennis de table ou tennis récréatif, natation récréative, baseball, trot à cheval, danse aérobique sans sauts, golf sans voiturette, vélo à 15 km/h, ski de fond sur le plat.
élevée à très élevée	Pouls beaucoup plus élevé qu'au repos (au moins 60 battements de plus) ; respiration haletante ; sudation parfois abondante.	Jogging, match de badminton ou de tennis enlevé, squash, racquetball, basket-ball compétitif, arts martiaux, aéroboxe, saut à la corde, vélo de montagne, soccer (match), hockey.

Votre mode de vie

Rester inactif, mal s'alimenter, fumer, abuser de l'alcool et vivre dans un état de stress constant, voilà les cinq habitudes de vie qui affaiblissent le plus la résistance du corps à la maladie et qui, dans certains cas, augmentent les risques d'accident mortel, que ce soit sur la route ou au travail. Ces habitudes comptent-elles parmi les vôtres ? Ce premier bilan vous permettra non seulement de répondre à cette question, mais aussi de comprendre la signification de votre réponse pour votre santé immédiate et future.

Les 15 situations décrites ci-après vous aideront à faire le point sur cette question. Pour chacune des cinq habitudes de vie, vous devez choisir, parmi trois comportements, celui qui vous décrit le mieux actuellement. Ce bilan éclair devrait vous sensibiliser à la relation qui existe entre vos habitudes de vie et votre santé. Dans les prochains chapitres, vous aurez l'occasion de faire un bilan plus détaillé de vos habitudes de vie.

Pour chacune des habitudes de vie suivantes, cochez la réponse correspondant à votre situation.

Bilan 1.1 (suite)

Activité physique : sédentaire ou actif ?

1. Chaque jour ou presque, je fais au moins 30 minutes d'activité physique d'intensité légère à modérée OU je pratique au moins trois fois par semaine, pendant 30 à 60 minutes, une activité physique d'intensité modérée ou parfois élevée.

2. Je fais moins de 10 minutes d'activité physique modérée chaque jour.

3. Je me situe plutôt entre 1 et 2.

Alimentation : malbouffe ou bonne bouffe ?

4. Chaque jour ou presque, je prends trois repas équilibrés. Je mange régulièrement des fruits et des légumes frais, ainsi que des aliments riches en fibres (céréales, pain, riz, pâtes, légumineuses). J'essaie le plus possible d'éviter les aliments riches en gras saturés et en huiles hydrogénées.

5. Je mange rarement des fruits et des légumes frais et je ne raffole pas des aliments riches en fibres (céréales à grains entiers et légumineuses notamment). De plus, je mange régulièrement (plus de trois fois par semaine) des repas préparés ou des repas-minute (fast-food) sans me soucier de leur valeur. Il m'arrive aussi de sauter des repas et de manger à des heures irrégulières.

6. Je me situe plutôt entre 4 et 5.

Cigarettes : fumeur ou non-fumeur ?

7. Je ne fume pas et j'évite autant que possible la fumée secondaire.

8. Je fume plus de 20 cigarettes par jour.

9. Je fume moins de 10 cigarettes par jour.

Stress : tendu ou détendu ?

10. Je suis plutôt calme, je dors bien la plupart du temps et je ne panique pas facilement en cas de problème. Quand c'est nécessaire, je fais ce qu'il faut pour contrôler mon niveau de stress.

11. Je me sens souvent tendu et il m'arrive fréquemment de ressentir des raideurs dans la nuque et entre les omoplates. Je ne dors pas bien et il me semble que je m'en fais pour un rien.

12. Je me situe plutôt entre 10 et 11.

Alcool : gros buveur ou buveur modéré ou sobre ?

13. Je ne bois pas d'alcool ou j'en prends à l'occasion seulement.

14. Je prends régulièrement plus de quatre consommations d'alcool par jour et parfois plus.

15. Je me situe plutôt entre 13 et 14.

Ce que vos choix signifient...

Vous avez coché 1, 4, 7, 10, 13. Bravo ! Vous avez déjà une ou plusieurs bonnes habitudes de vie inscrites à votre programme santé. Le défi que vous aurez à relever consistera à préserver ces acquis pour les années à venir.

Vous avez coché 3, 6, 9, 12, 15. Vous manquez de constance dans l'habitude ou les habitudes de vie indiquées par ces choix. Par exemple, il y a des périodes où vous êtes physiquement actif et d'autres où vous êtes sédentaire ; ou encore des périodes où vous mangez bien et d'autres où vous mangez mal... Pour vivre plus sainement, il suffirait que vous apportiez de légers changements à l'habitude ou aux habitudes de vie en cause. La lecture des chapitres 2 à 5 vous aidera à faire ces changements.

Vous avez coché 2, 5, 8, 11, 14. Alerte rouge ! Vous avez déjà adopté une ou plusieurs mauvaises habitudes de vie parmi les plus nuisibles à la santé. Le hic, c'est qu'il n'existe pas de baguette magique pour transformer instantanément un mauvais pli en une habitude plus saine. Toutefois, le plan d'action proposée dans ce chapitre (p. 10), ainsi que les solutions proposées tout au long de ce manuel peuvent vous aider à modifier le ou les comportements nuisibles.

Bilan 1.1 (suite)

Tirez les conclusions de ce premier bilan...

A. Quels sont vos points forts et vos points faibles au regard de ces cinq habitudes de vie?

Points forts : Je mange bien et ne fume pas

Points faibles : Je suis quelqu'un de stressé

B. Quels sont les autres comportements potentiellement nuisibles à votre santé que vous voudriez changer?

Aucuns

BILAN 1.2

Réflexion personnelle sur votre capacité à changer

Êtes-vous vraiment décidé à améliorer vos habitudes de vie ?

L'exercice qui suit vous aidera à répondre à cette question cruciale. Il vous permettra de vous situer quelque part sur l'**échelle du changement**, entre la personne qui est déjà passée à l'action et celle qui a adopté une attitude d'indifférence totale, en passant par celle qui joue à l'autruche en niant le problème identifié.

Lisez attentivement les affirmations suivantes et cochez uniquement celle qui vous concerne.

☑ **a)** Au moment où je lis ce texte, **je suis déjà passé à l'action**.

○ **b)** **Dès la présente session de cours, je vais passer à l'action** pour respecter le ou les engagement(s) que je vais prendre dans l'un ou l'autre des bilans suivants : 2.2 (activité physique), 3.2 (alimentation), 4.2 (stress), 5.2 (cigarette) et 5.4 (alcool).

○ **c)** **Je vais un jour ou l'autre passer à l'action** pour respecter le ou les engagement(s) que je vais prendre dans l'un ou l'autre des bilans suivants : 2.2 (activité physique), 3.2 (alimentation), 4.2 (stress), 5.2 (cigarette) et 5.4 (alcool).

○ **d)** **Je réfléchis à la question** car j'ignore ce que je vais faire.

○ **e)** J'ai bel et bien identifié des comportements que je pourrais changer, mais **cela me laisse indifférent car je ne crois pas que ma santé va en souffrir**.

○ **f)** J'ai bel et bien identifié des comportements que je pourrais changer, mais **cela me laisse indifférent que ma santé en souffre ou pas**.

Rappelez-vous votre position sur l'échelle du changement. Vous aurez de nouveau à vous situer sur cette échelle à la fin de la session (p. 109).

à vos méninges 2

Remarque : Il peut y avoir plus d'une bonne réponse par question.

1. À quoi la hausse marquée du taux d'obésité dans le monde est-elle principalement due ?

- ◯ a) À une surconsommation d'aliments.
- ◯ b) À une diminution substantielle de la dépense énergétique quotidienne.
- ☑ c) Aux raisons a) et b).
- ◯ d) À l'hérédité.
- ◯ e) À une surconsommation de glucides.
- ◯ f) À aucune des raisons précédentes.

2. Laquelle des affirmations suivantes est fausse ?

- ◯ a) Contrairement aux protéines du tissu nerveux, par exemple, celles des muscles se dégradent lorsqu'elles sont sous-utilisées.
- ◯ b) Les malaises ou les maladies « hypokinétiques » résultent d'un mode de vie sédentaire.
- ◯ c) L'exercice modifie le tissu musculaire mais pas le tissu osseux.
- ◯ d) Le gras abdominal serait le gras le plus nuisible à la santé.
- ☑ e) Toutes les affirmations précédentes sont exactes.

3. Une activité physique régulière réduit notablement le risque de souffrir de certaines maladies. Lesquelles ?

- ☑ a) Asthme.
- ◯ b) Diabète de type 1.
- ☑ c) Maladie coronarienne.
- ◯ d) Cancer du côlon.
- ◯ e) Cancer du sein.
- ☑ f) Hypertension artérielle.
- ◯ g) Diabète de type 2.
- ◯ h) Maladie d'Alzheimer.
- ◯ i) Cancer de la peau.
- ◯ j) Sida.

4. Laquelle des affirmations suivantes est fausse ?

- ◯ a) L'exercice aide à combattre trois facteurs de risque importants de la maladie coronarienne : il réduit l'hypertension artérielle ; il favorise le maintien d'un poids-santé ; il encourage le fumeur à abandonner la cigarette.

- ◯ b) L'exercice est si bénéfique pour la personne diabétique qu'il lui permet de se passer d'insuline.
- ◯ c) L'exercice peut déclencher une crise d'asthme, mais il réduit à long terme le nombre des crises et leur gravité.
- ◯ d) La pratique d'un exercice, même léger, entraîne une réduction marquée et quasi instantanée de l'activité électrique dans les muscles.
- ☑ e) L'exercice est un des moyens les plus efficaces pour prévenir le cancer du côlon.

5. Pour ressentir l'effet narcotique (libération d'endorphines), quel type d'exercice faut-il faire, et pendant combien de temps ?

- ☑ a) De la musculation pendant au moins 30 minutes.
- ◯ b) Des étirements pendant au moins 15 minutes.
- ◯ c) Des efforts anaérobiques de 30 secondes, trois fois par jour.
- ◯ d) Des efforts aérobiques pendant au moins 20 minutes.
- ☑ e) Des exercices d'endurance musculaire pendant au moins 40 minutes.
- ☑ f) Des efforts aérobiques pendant au moins 45 minutes.

6. Associez à chaque situation nuisant à la santé (liste de gauche) une solution possible (liste de droite).

Situations	Solutions
D 1. Je suis très anxieux.	a) Faire une heure de jogging.
	b) Faire des pompes le matin.
a 2. Je me sens déprimé aujourd'hui.	c) Faire 15 à 25 minutes d'exercice modéré en fin d'après-midi ou en début de soirée.
F 3. Je dors mal.	d) Faire une séance d'exercice modéré le matin.
e 4. Je voudrais prévenir un stress appréhendé.	e) Faire 10 à 15 minutes d'exercice modéré avant l'événement susceptible de créer une situation stressante.
	f) Faire de la musculation après le souper.
	g) Faire 30 minutes d'exercice modéré en fin d'après-midi.

7. On dit que l'exercice est la locomotive de la santé. Lequel ou lesquels des énoncés suivants le démontre(nt)?

○ **a)** Selon des études effectuées auprès d'adeptes du jogging et de la musculation, 75 à 80 % de ceux qui fumaient au départ ont abandonné cette habitude en cours de route.

○ **b)** Selon les données recueillies par l'Institut canadien de la recherche sur la condition physique et le mode de vie, les régimes d'entraînement vigoureux freinent l'usage de drogues mieux que tout autre type de programme antidrogue.

○ **c)** L'activité physique est un merveilleux stimulant pour le moral. Elle ne coûte presque rien et on peut la prescrire à toute personne en panne sur le plan émotionnel.

○ **d)** Plus vous ressentirez les bienfaits de l'activité physique, plus vous voudrez améliorer votre mode de vie. Les gens physiquement actifs ont ainsi tendance à surveiller leur alimentation, leur niveau de stress et leur consommation d'alcool et de tabac.

⊘ **e)** Tous les énoncés précédents le démontrent.

8. **Complétez les phrases suivantes.**

a) Parmi les facteurs de risque _____ (les plus nuisibles) et modifiables de la maladie coronarienne (inactivité physique, hypertension artérielle, taux élevé de mauvais cholestérol et de triglycérides et tabagisme), l'inactivité physique est de loin le facteur le plus _____ dans la population.

b) Les maladies hypokinétiques sont des problèmes de santé associés à un _____ .

c) Un individu _____ peut perdre jusqu'à _____ g de muscle par année.

d) Le tissu osseux pouvant, comme le tissu musculaire, se _____ , il suffit en général de _____ pour interrompre sa dégradation.

e) Le gras _____ est le gras qui pénètre le plus facilement dans le sang.

f) Les recherches ont clairement démontré que les personnes _____ sont plus souvent _____ , coûtent plus cher à la société en frais médicaux et vivent moins longtemps que les personnes _____ .

9. **Indiquez cinq conséquences graves d'une vie sédentaire sur la santé.**

- _____
- _____
- _____
- _____
- _____

10. **Indiquez cinq effets bénéfiques de l'exercice sur la santé.**

- _____
- _____
- _____
- _____
- _____

11. **Indiquez trois cancers que l'exercice peut aider à prévenir.**

- _____
- _____
- _____

BILAN 2.1

Votre niveau actuel d'activité physique

Maintenant que vous connaissez les dangers qu'une vie sédentaire présente pour la santé, vous vous posez sûrement la question suivante : suis-je une personne sédentaire ou physiquement active ? Et si vous êtes déjà une personne active, vous vous demandez certainement si votre niveau d'activité physique est suffisant pour que vous en retiriez des bénéfices pour votre santé. Le bilan qui suit vous aidera à répondre à ces questions.

Quantité d'exercice	Niveau d'activité physique	Bénéfices pour la santé	Amélioration des déterminants de la condition physique (chap. 10)
○ 1. Je fais moins de 30 minutes d'activité physique d'intensité faible* par jour.	Très faible, mais au moins vous en faites un peu.	Plutôt faibles.	Aucune.
○ 2. Je fais au moins 30 minutes d'activité physique d'intensité faible par jour.	Faible.	Faibles à moyens.	Très faible.
○ 3. Tous les jours ou presque, je fais au moins 30 minutes d'activité physique modérée.	Moyen.	Moyens.	Moyenne.
○ 4. Deux ou trois fois par semaine, à raison de 30 à 60 minutes par séance, je pratique une activité physique d'intensité modérée à élevée.	Moyen à élevé.	Moyens à élevés.	Moyenne à élevée.
✓ 5. Trois à cinq fois par semaine, à raison de 45 à 75 minutes par séance, je pratique une activité physique d'intensité modérée à élevée.	Élevé.	Élevés.	Élevée.
○ 6. Plus de cinq fois par semaine, à raison de 45 à 90 minutes par séance, je pratique une activité physique d'intensité modérée à élevée.	Élevé à très élevé.	Élevés, mais gare au surentraînement (p. 40 du manuel).	Élevée à très élevée.

* Pour une définition des différents niveaux d'intensité de l'activité physique, voir le bilan 1.1 (page 3).

Commentez votre niveau d'activité physique actuel.

Relativement élevé à élevé

BILAN 2.2

Votre engagement en matière d'activité physique

Maintenant que vous avez fait le point sur votre niveau d'activité physique, vous pouvez vous poser la question suivante : que suis-je prêt à faire pour être physiquement plus actif ou, si je suis déjà actif, pour maintenir mon niveau d'activité ?

Cochez dans le tableau suivant les engagements que vous souhaitez prendre ; dans un mois, vous cocherez ceux que vous aurez respectés.

Je m'engage à...	Je vais le faire dès maintenant.	Après un mois, je tiens toujours le coup...		Après trois mois, je persiste et signe.	
marcher le plus souvent possible.	Date : 14 feb	☑ Oui ○ Non		○ Oui ○ Non	
faire au moins 30 minutes d'activités physiques modérées par jour.	Date :	○ Oui ○ Non		○ Oui ○ Non	
utiliser l'escalier au lieu de l'ascenseur.	Date : 14 feb	☑ Oui ○ Non		○ Oui ○ Non	
choisir la marche, la bicyclette ou le patin à roulettes pour les courtes distances.	Date :	○ Oui ○ Non		○ Oui ○ Non	
éviter de rester inactif pendant de longues périodes comme lorsqu'on regarde la télévision.	Date :	○ Oui ○ Non		○ Oui ○ Non	
multiplier les occasions de bouger au lieu de les éviter.	Date :	○ Oui ○ Non		○ Oui ○ Non	
suivre un programme de mise en forme ou m'en faire un sur mesure et l'appliquer.	Date : 14 Feb	☑ Oui ○ Non		○ Oui ○ Non	
pratiquer un sport qui me plaît.	Date :	○ Oui ○ Non		○ Oui ○ Non	
améliorer mes habiletés motrices pour me donner le goût de pratiquer une activité physique.	Date :	○ Oui ○ Non		○ Oui ○ Non	
effectuer l'activité suivante : _____	Date :	○ Oui ○ Non		○ Oui ○ Non	

1. Au total, vous avez pris ___3___ engagement(s) et vous en avez respecté _____ .

2. Indiquez, le cas échéant, pour quelle raison vous n'avez pas respecté certains de vos engagements.

   ○ J'ai manqué de temps.
   ○ J'ai manqué de motivation.
   ○ Je n'étais pas aussi prêt à passer à l'action que je le pensais.
   ○ Il aurait fallu que je ne sois pas seul dans ma démarche.
   ○ Autre(s) raison(s) : _____

3. Finalement, croyez-vous être capable de faire de l'activité physique régulière une habitude de vie ? Expliquez brièvement votre réponse.
   Oui car j'adore ça.
   _____
   _____

Remarque : Il peut y avoir plus d'une bonne réponse par question.

1. Nommez cinq problèmes de santé associés à la malbouffe.

- _____
- _____
- _____
- _____
- _____

2. Désignez deux troubles alimentaires graves.

- _____
- _____

3. Nommez deux synonymes de « huile hydrogénée » utilisés sur l'étiquette des produits alimentaires.

- _____
- _____

4. Quelles sont les six grandes familles de nutriments ?

- _____
- _____
- _____
- _____
- _____
- _____

5. Parmi les problèmes de santé suivants, lesquels sont favorisés par un apport insuffisant en fibres alimentaires ?

- a) Hémorroïdes.
- b) Cancer du sein.
- c) Constipation.
- d) Diverticulose.
- e) Maux d'estomac.

6. Comment notre consommation quotidienne de sel se situe-t-elle par rapport à nos besoins réels ?

- a) Elle est de 10 à 12 fois trop élevée.
- b) Elle est de 5 à 7 fois trop élevée.
- c) Elle est de 2 à 4 fois trop élevée.
- d) Elle est adéquate.
- e) Aucune des réponses précédentes.

7. Comment qualifieriez-vous les glucides complexes ?

- a) Ce sont des sucres à éviter.
- b) Ce sont des sucres à assimilation rapide.
- c) Ce sont des sucres qui se trouvent dans les fruits et les légumes.
- d) Ce sont des sucres à assimilation lente.
- e) Aucune des réponses précédentes.

8. Quelle quantité de fibres alimentaires devrait-on consommer chaque jour ?

- a) 0 g.
- b) 30 g.
- c) 15 g.
- d) 20 g.
- e) 40 g.

9. Quels sont les avantages d'un bon déjeuner ?

- a) Fournir un meilleur rendement scolaire.
- b) Favoriser le sommeil.
- c) Donner plus d'énergie pour le cours d'éducation physique.
- d) Favoriser la remontée de la glycémie le matin.
- e) Réduire le nombre de collations.

10. Que doit-on faire en tout premier lieu pour savoir si on mange bien ou mal ?

- a) Compter ses calories tous les jours.
- b) Déterminer son poids-santé.
- c) Connaître d'abord son métabolisme de base.
- d) Comparer son alimentation à un modèle alimentaire sain.
- e) Compter le nombre de repas et de collations qu'on prend chaque jour.

11. Si votre métabolisme de base ralentit,

○ **a)** c'est parce que vous brûlez plus de calories qu'avant.

○ **b)** c'est parce que vous brûlez moins de calories qu'avant.

○ **c)** c'est parce que vous n'avez pas modifié votre dépense énergétique.

○ **d)** vos réserves de graisse risquent d'augmenter.

○ **e)** votre masse musculaire risque d'être modifiée.

12. Après combien de minutes d'activité physique modérée devrait-on consommer une boisson de récupération contenant du sucre ?

○ **a)** Environ 20 minutes.

○ **b)** Environ 30 minutes.

○ **c)** Environ 45 minutes.

○ **d)** Environ 60 minutes.

○ **e)** Environ 120 minutes.

13. Pourquoi une personne physiquement très active devrait-elle augmenter sa consommation de glucides ?

○ **a)** Parce que l'exercice augmente le métabolisme.

○ **b)** Parce que les glucides sont la principale source d'énergie des muscles.

○ **c)** Parce que les glucides ont un index glycémique élevé.

○ **d)** Parce qu'un apport supplémentaire en glucides accélère la remise à niveau des réserves de glycogène dans les muscles.

○ **e)** Parce que les glucides éliminent la faim pendant l'effort.

14. Quels phénomènes permettent au corps d'évacuer la chaleur produite par les muscles ?

○ **a)** L'élévation de la température du corps.

○ **b)** L'évaporation de la sueur.

○ **c)** La vasoconstriction des vaisseaux sanguins.

○ **d)** La convection de l'air ambiant.

○ **e)** L'élévation du pouls et de la pression artérielle.

15. Dans quelle proportion les régimes miracle sont-ils un échec ?

○ a) 5 fois sur 10.

○ b) 7 fois sur 10.

○ c) 9 fois sur 10.

○ d) 3 fois sur 10.

○ e) 10 fois sur 10.

16. Parmi les effets suivants, lequel ou lesquels sont associés à un régime miracle ?

○ a) Une hausse du métabolisme de base.

○ b) La fonte musculaire.

○ c) Une constipation chronique.

○ d) Une perte de tissu osseux.

○ e) Une baisse du métabolisme de base.

17. Associez les aliments gras (liste de gauche) et les types de gras (liste de droite).

Aliments gras	Types de gras
____ **1.** Croustilles (chips).	**a)** Gras insaturés.
____ **2.** Huile de tournesol.	**b)** Acide gras trans.
____ **3.** Barre granola à base d'huile hydrogénée.	**c)** Gras saturés.
____ **4.** Gras de bœuf.	
____ **5.** Poutine.	
____ **6.** Graines de lin.	

18. Complétez les phrases suivantes.

a) Selon les enquêtes nutritionnelles les plus récentes, le régime alimentaire des Québécois comprend générale-ment encore trop de _____, trop de _____, trop de _____, et reste trop pauvre en _____, en légumes et en _____ à grains entiers.

b) Les trois pyramides alimentaires présentées dans ce chapitre ont un point en commun : les unes comme les autres garantissent un apport _____ et _____ d'aliments appartenant aux six grandes familles de _____.

c) Au total, 75 % du sel que nous consommons aujourd'hui provient des produits alimentaires _____ déjà _____.

BILAN 3.1

pas faire.

Votre analyse de deux aliments préemballés à l'aide de l'étiquette nutritionnelle*

Cet exercice a pour but de vérifier votre compréhension de l'étiquetage nutritionnel. Choisissez deux aliments préemballés que vous consommez régulièrement, puis transcrivez les renseignements fournis sur les étiquettes sur les modèles ci-dessous. Répondez ensuite aux questions.

Nom du produit A : _____

Valeur nutritive

par _____ *g, mL ou nombre*

Teneur		**% valeur quotidienne**
Calories _____		
Lipides	_____ g	_____ %
saturés	_____ g	
+ trans	_____ g	_____ %
Cholestérol	_____ mg	
Sodium	_____ mg	_____ %
Glucides	_____ mg	_____ %
Fibres	_____ g	_____ %
Sucres	_____ g	
Protéines	_____ g	
Vitamine A	_____ %	Vitamine C _____ %
Calcium	_____ %	Fer _____ %

Nom du produit B : _____

Valeur nutritive

par _____ *g, mL ou nombre*

Teneur		**% valeur quotidienne**
Calories _____		
Lipides	_____ g	_____ %
saturés	_____ g	
+ trans	_____ g	_____ %
Cholestérol	_____ mg	
Sodium	_____ mg	_____ %
Glucides	_____ mg	_____ %
Fibres	_____ g	_____ %
Sucres	_____ g	
Protéines	_____ g	
Vitamine A	_____ %	Vitamine C _____ %
Calcium	_____ %	Fer _____ %

* Reproduit avec l'autorisation de Richard Hince, Sylvie Girard, François Cloutier et Jean-Benoît Jubinville, tous professeurs d'éducation physique au Cégep de Sherbrooke.

Analyse	Aliment A		Aliment B	
1. a) Nombre de portions consommées pendant *une journée* (peut être inférieur à une portion, par exemple une moitié ou un tiers de portion) :	_____		_____	
b) Calories totales :	_____ calories		_____ calories	
2. Fréquence de consommation (nombre de fois par semaine)	_____		_____	
3. a) Quantité de glucides consommée au total :	_____ g	_____ %	_____ g	_____ %
b) Quantité totale de sucres ajoutés :	_____ g		_____ g	
4. a) Quantité de lipides consommée au total :	_____ g	_____ %	_____ g	_____ %
b) Quantité de gras saturés et trans consommée :	_____ g	_____ %	_____ g	_____ %
5. Quels sont les quatre premiers ingrédients qui apparaissent dans la liste des ingrédients* ? * La liste des ingrédients vous permet de connaître l'importance relative des nutriments présents dans le produit alimentaire, puisque ceux-ci sont indiqués par ordre décroissant de poids. Par exemple, si le premier ingrédient de la liste est le sucre, cela signifie que c'est l'ingrédient le plus présent dans le produit.	1. _____ 2. _____ 3. _____ 4. _____		1. _____ 2. _____ 3. _____ 4. _____	

6. Relevez les *points forts* et les *points faibles* que vous avez remarqués au sujet de ces deux produits (exemples : le produit A contient beaucoup de nutriments ; le produit B contient trop de sucres et pas assez de fibres ; le produit B contient un très faible pourcentage de la valeur quotidienne de calcium, etc.).

Aliment A

Points faibles : _____

_____

_____

_____

Points forts : _____

_____

_____

_____

Aliment B

Points faibles : _____

_____

_____

_____

Points forts : _____

_____

_____

_____

7. Pour les produits A et B, trouvez des produits (ou des aliments) de remplacement similaires et justifiez ce nouveau choix santé.

_____

_____

_____

_____

_____

BILAN 3.2

Votre bilan alimentaire

On l'a dit, bien s'alimenter doit être quelque chose de simple. Les pyramides alimentaires présentées dans ce chapitre sont justement des bijoux de concision et de clarté (figures 3.2 à 3.4, p. 56 à 58 du manuel). En un coup d'œil, il est possible de juger si on mange bien ou mal. En fait, ces pyramides proposent une alimentation variée, sans interdits ni discours moralisateur. Elles suggèrent de consommer, chaque jour, un certain nombre de portions d'aliments dans chacun des principaux groupes alimentaires désignés par les nutritionnistes. Quant aux aliments plus pauvres sur le plan nutritif (frites, hot-dogs, beurre, bonbons, etc.), les pyramides alimentaires ne les interdisent pas, mais proposent plutôt qu'on les consomme avec modération.

Votre alimentation ressemble-t-elle à celle qui est préconisée par ces pyramides?

1. Pour le savoir, commencez par choisir la pyramide qui, à vue d'œil, ressemble le plus à votre régime alimentaire actuel ou qui vous semble la mieux adaptée à votre environnement culturel.

2. Remplissez ensuite le tableau correspondant à la pyramide choisie en essayant de vous remémorer ce que vous mangez chaque jour dans une semaine type, samedi et dimanche inclus. (Vous pouvez utiliser le journal alimentaire présenté à la page 19.) Votre relevé terminé, n'oubliez pas de tirer les conclusions qui s'imposent en cochant la case appropriée à la fin du tableau. Notez aussi, s'il y a lieu, vos écarts alimentaires.

3. Une fois votre bilan alimentaire terminé, passez au bilan 3.3. On vous y invite à prendre des mesures immédiates pour corriger les écarts alimentaires constatés ou encore pour maintenir votre alimentation actuelle, s'il s'avère qu'elle est déjà équilibrée et variée.

Choisissez entre A, B, ou C

Choisir une pyramide

A. Bilan en fonction de la pyramide alimentaire canadienne

Inscrivez dans la case appropriée le nombre de portions ingérées de chacun des quatre groupes alimentaires. Pour savoir ce qu'est une portion, reportez-vous aux quantités indiquées et aux pictogrammes de la pyramide alimentaire canadienne (p. 56 du manuel).

Portions	Lundi	Mardi	Mercredi	Jeudi	Vendredi	Samedi	Dimanche
Nombre moyen de portions recommandées par jour							
Légumes et fruits: 7 à 8 (femmes) 8 à 10 (hommes)	_____	_____	_____	_____	_____	_____	_____
Produits céréaliers: 6 à 7 (femmes) 7 à 8 (hommes)	_____	_____	_____	_____	_____	_____	_____
Produits laitiers: 3 à 4 (14-18 ans) 2 (19-50 ans)	_____	_____	_____	_____	_____	_____	_____
Viande et substituts: 2 (femmes) 3 (hommes)	_____	_____	_____	_____	_____	_____	_____
Sucreries: à l'occasion	_____	_____	_____	_____	_____	_____	_____

Tirez vos conclusions...

En général, je respecte les recommandations de la pyramide alimentaire canadienne:

○ Oui

○ Non

Si non, j'ai constaté les écarts alimentaires suivants:

Je ne mange pas assez de

○ Produits céréaliers

○ Légumes et fruits

○ Produits laitiers

○ Viande et substituts

Je mange trop de

○ Sucreries

○ Produits laitiers

○ Viande et substituts

Bilan 3.2 (suite)

B. Bilan en fonction de la pyramide alimentaire méditerranéenne

Inscrivez dans la case appropriée le nombre de fois par jour, par semaine ou par mois que vous avez consommé les aliments mentionnés dans la pyramide alimentaire méditerranéenne.

Recommandations	Par jour	Par semaine	Par mois
Viande : une fois par mois	____	3	____
Sucreries : une fois par semaine	____	4	____
Œufs : une fois par semaine	____	1	____
Volaille : une fois par semaine	____	1	____
Poisson : une fois par semaine	____	0	2
Fromage et yogourt : une fois par jour	____	6	____
Huile d'olive : une fois par jour	____	3	____
Fruits : une fois par jour	____	15	____
Graines et noix : une fois par jour	____	4	____
Légumes : une fois par jour	____	4	____
Pain, pâtes, riz, couscous, polenta, céréales de grains entiers et pommes de terre : une fois par jour	____	7	____

Tirez vos conclusions...

En général, je respecte les recommandations de la pyramide alimentaire méditerranéenne :

☑ Oui

◯ Non

Si non, j'ai constaté les écarts alimentaires suivants :

Je ne mange pas assez de

◯ Œufs   ◯ Volaille

☑ Poisson   ◯ Fromage et yogourt

◯ Fruits, graines, noix et légumes   ◯ Huile d'olive

◯ Pain, pâtes, riz, couscous, polenta, céréales de grains entiers et pommes de terre

Je mange trop de

☑ Sucreries

☑ Viande rouge

C. Bilan en fonction de la pyramide alimentaire asiatique

Inscrivez dans la case appropriée le nombre de fois par jour, par semaine ou par mois que vous avez consommé les aliments mentionnés dans la pyramide alimentaire asiatique.

Recommandations	Par jour	Par semaine	Par mois
Viande : une fois par mois	_____	_____	_____
Sucreries : une fois par semaine	_____	_____	_____
Œufs et volaille : une fois par semaine	_____	_____	_____
Poisson et fruits de mer : une fois par jour (facultatif)	_____	_____	_____
Huiles végétales : une fois par jour	_____	_____	_____
Fruits : une fois par jour	_____	_____	_____
Légumineuses, graines et noix : une fois par jour	_____	_____	_____
Légumes : une fois par jour	_____	_____	_____
Riz, nouilles, pain, millet, maïs et céréales de grains entiers : une fois par jour	_____	_____	_____

Tirez vos conclusions...

En général, je respecte les recommandations de la pyramide alimentaire asiatique :

○ Oui   ○ Non

Si non, j'ai constaté les écarts alimentaires suivants :

Je ne mange pas assez de

○ Œufs et volaille

○ Poisson et fruits de mer

○ Huiles végétales

○ Fruits

○ Légumineuses, graines et noix

○ Légumes

○ Riz, nouilles, pain, millet, maïs et céréales de grains entiers

Je mange trop de

○ Sucreries

○ Viande rouge

FICHE
Votre journal alimentaire détaillé

Pour vous aider à faire le bilan 3.2, vous pouvez utiliser le journal alimentaire qui suit. Il vous permettra de dresser l'inventaire complet de ce que vous mangez dans une journée type de la semaine (lundi au vendredi) et une journée type de la fin de semaine (samedi ou dimanche).

A. Journée type de la semaine

NOMBRE DE PORTIONS

Repas	Aliments consommés	Fruits et légumes	Produits céréaliers	Viandes et substituts	Produits laitiers	Aliments contenant des gras trans
Déjeuner						
Collation						
Dîner						
Collation						
Souper						
Collation						
Total						
Nombre quotidien de portions recommandé selon le nouveau Guide alimentaire canadien		7-8 (F) 8-10 (H)	6-7 (F) 7-8 (H)	2 (F) 3 (H)	3-4 (14-18 ans) 2 (19-50 ans)	Avec modération

B. Journée type de la fin de semaine (samedi ou dimanche)

NOMBRE DE PORTIONS

Repas	Aliments consommés	Fruits et légumes	Produits céréaliers	Viandes et substituts	Produits laitiers	Aliments contenant des gras trans
Déjeuner						
Collation						
Dîner						
Collation						
Souper						
Collation						
Total						
Nombre quotidien de portions recommandé selon le nouveau Guide alimentaire canadien		7-8 (F) 8-10 (H)	6-7 (F) 7-8 (H)	2 (F) 3 (H)	3-4 (14-18 ans) 2 (19-50 ans)	Avec modération

BILAN 3.3
Votre engagement en matière d'alimentation

Maintenant que vous avez fait le point sur la façon dont vous vous alimentez, vous pouvez vous poser la question suivante : *que suis-je prêt à faire pour améliorer ou maintenir la qualité de mon alimentation ?*

Cochez dans le tableau qui suit les engagements que vous souhaitez prendre ; dans un mois, vous cocherez ceux que vous aurez respectés.

Je m'engage à...	Je vais le faire dès maintenant.	Après un mois, je tiens toujours le coup.	Après trois mois, je persiste et signe.
corriger mes écarts alimentaires constatés dans le bilan 3.2.	Date : *14 feb*	○ Oui ○ Non	○ Oui ○ Non
manger à des heures régulières le plus souvent possible.	Date :	○ Oui ○ Non	○ Oui ○ Non
réduire ma consommation d'aliments riches en mauvais gras (gras saturés et hydrogénés).	Date :	○ Oui ○ Non	○ Oui ○ Non
augmenter ma consommation d'aliments riches en bons gras (gras insaturés).	Date : *19 feb*	○ Oui ○ Non	○ Oui ○ Non
manger davantage de fruits et de légumes.	Date :	○ Oui ○ Non	○ Oui ○ Non
manger davantage de légumineuses et de céréales de grains entiers.	Date :	○ Oui ○ Non	○ Oui ○ Non
saler un peu moins ma nourriture.	Date : *14 feb*	○ Oui ○ Non	○ Oui ○ Non
déjeuner tous les matins.	Date : *14 feb*	○ Oui ○ Non	○ Oui ○ Non
éviter de prendre un repas copieux tard dans la soirée.	Date :	○ Oui ○ Non	○ Oui ○ Non
éviter de manger des repas minute riches en gras saturés et en sel plus de 2 fois par semaine.	Date :	○ Oui ○ Non	○ Oui ○ Non
boire l'équivalent de 6 verres d'eau par jour.	Date :	○ Oui ○ Non	○ Oui ○ Non
prendre la ou les mesures suivantes : _____ _____	Date :	○ Oui ○ Non	○ Oui ○ Non

1. Au total, vous avez pris ____4____ engagement(s) et vous en avez respecté _____ .

2. Le cas échéant, pour quelle raison n'avez-vous pas respecté certains de vos engagements ?
   ○ J'ai manqué de temps.
   ○ J'ai manqué de motivation.
   ○ Je n'étais pas aussi prêt à passer à l'action que je le pensais.
   ○ Il aurait fallu que je ne sois pas seul dans ma démarche.
   ○ Autre(s) raison(s) : _____
   _____
   _____

3. Finalement, croyez-vous être capable d'adopter à long terme des habitudes alimentaires saines ou, si votre alimentation est déjà saine, de la maintenir telle qu'elle est ? Expliquez brièvement votre réponse.
   _____
   _____
   _____
   _____
   _____
   _____

à vos méninges 4

Remarque : Il peut y avoir plus d'une bonne réponse par question.

1. **Indiquez cinq effets physiologiques immédiats du stress.**

   - _____
   - _____
   - _____
   - _____
   - _____

2. **Indiquez trois « chasse-stress » efficaces.**

   - _____
   - _____
   - _____

3. **Indiquez cinq symptômes associés au « surstress ».**

   - _____
   - _____
   - _____
   - _____
   - _____

4. **Parmi les stratégies suivantes, lesquelles peuvent vous aider à mieux gérer votre niveau de stress ?**

   ○ **a)** Commencer par évaluer son niveau de stress.
   ○ **b)** Prendre la vie quotidienne avec un grain de sel.
   ○ **c)** Dédramatiser les situations stressantes.
   ○ **d)** Se lever et se coucher à heures fixes.
   ○ **e)** Utiliser au besoin les techniques de relaxation.

5. **Parmi les affirmations suivantes, laquelle définit le mieux le stress ?**

   ○ **a)** C'est un mal de vivre chronique.
   ○ **b)** C'est un état de tension psychique.
   ○ **c)** C'est le mal du siècle.
   ○ **d)** C'est une réaction d'adaptation non spécifique de l'organisme.
   ○ **e)** C'est une réaction du corps à une situation tendue.

6. **Parmi les effets suivants, lesquels peuvent être attribués aux techniques de relaxation ?**

   ○ **a)** On mange mieux.
   ○ **b)** On dort mieux.
   ○ **c)** On est plus souvent à l'heure.
   ○ **d)** On a moins de maux de tête.
   ○ **e)** On fait plus d'exercice.

7. **Complétez les phrases suivantes.**

   a) Ce n'est pas tant le stress émotionnel qui nuit à la santé que la _____ ou l'apparente _____ de réaction face à la situation stressante.

   b) Si le stress vous gagne, votre _____ risque de devenir _____ et superficielle, voire de se _____ à l'occasion.

   c) L'imagerie _____ consiste à _____ des actions réelles.

© ÉDITIONS DU RENOUVEAU PÉDAGOGIQUE INC.

BILAN 4.1

L'inventaire de vos symptômes de stress

Le but de ce bilan est de vous faire prendre conscience de l'ensemble des signes, tant physiques que psychologiques, associés au stress. Ces signes ou symptômes sont un bon indicateur de votre tension actuelle. Ce bilan a été établi d'après un questionnaire mis au point par Jacques Lafleur, psychologue, et Robert Béliveau, médecin (tiré du livre *Les quatre clés de l'équilibre*, Les Éditions Logiques, 1994).

Dans la grille qui suit, indiquez ce vous avez ressenti pour chaque symptôme durant **le dernier mois**:
- ○ 0 vous ne l'avez pas du tout ressenti.
- ○ 1 vous l'avez ressenti un peu ou rarement.
- ○ 2 vous l'avez ressenti modérément ou assez souvent.
- ○ 3 vous l'avez ressenti souvent ou continuellement.

Remarque: Les énoncés suivis d'un astérisque indiquent des manifestations d'un état de stress désirable, que nous appelons équilibre. Vous devez y répondre de la même manière que pour les autres symptômes.

Symptômes physiques

Symptômes de tension musculaire

0	1	2	3	
○	○	☑	○	Mes muscles sont plutôt détendus*.
☑	○	○	○	J'ai le visage tendu (mâchoires serrées, front crispé, etc.).
○	○	○	☑	J'ai des tensions dans la nuque ou dans le cou.
○	○	○	☑	Je sens de la pression sur mes épaules.
○	○	☑	○	Je suis crispé (poings serrés, tendance à sursauter, etc.).
○	☑	○	○	Je sens un point entre les omoplates.
○	○	○	☑	J'ai des maux de tête tensionnels (dus à la tension musculaire).
☑	○	○	○	J'ai des maux de dos.
☑	○	○	○	J'ai des tremblements.
○	○	☑	○	J'ai continuellement besoin de bouger.
○	○	○	☑	J'ai de la difficulté à me détendre.

Autres symptômes physiques

0	1	2	3	
○	○	○	☑	Je suis en parfaite santé*.
○	○	☑	○	Je me sens fatigué.
☑	○	○	○	J'ai une boule dans l'estomac.
○	☑	○	○	J'ai une boule dans la gorge.
○	○	☑	○	J'ai les yeux cernés.
☑	○	○	○	Je dors mal ou je prends des médicaments pour dormir.
○	☑	○	○	Je mange plus (ou moins) que d'habitude.
☑	○	○	○	J'ai des bouffées de chaleur ou des frissons.
○	☑	○	○	J'ai des palpitations.
○	☑	○	○	J'ai souvent froid aux mains ou aux pieds.
○	☑	○	○	Je transpire, j'ai les mains moites.
○	☑	○	○	J'ai le souffle court ou de la difficulté à respirer profondément.
○	☑	○	○	Je digère mal.
○	☑	○	○	J'ai des brûlures d'estomac.
○	☑	○	○	J'ai de la constipation ou de la diarrhée.
○	☑	○	○	J'ai des nausées.
○	☑	○	○	Mon cycle menstruel est changé.

Symptômes psychologiques

Symptômes associés aux émotions

0	1	2	3	
○	○	☑	○	Je ressens de la joie*.
○	○	○	☑	Je m'inquiète pour un rien.
○	○	○	☑	Je panique.
○	○	○	☑	Je manque de patience.
○	○	○	☑	Je suis à fleur de peau.
○	○	○	☑	Je me sens frustré.
○	○	☑	○	Je change d'humeur pour un rien.
○	☑	○	○	Je fais des colères pour un rien.
○	☑	○	○	Je suis de mauvaise humeur.
○	☑	○	○	Je suis triste.
○	○	☑	○	Je suis déprimé.

© ÉDITIONS DU RENOUVEAU PÉDAGOGIQUE INC.

Bilan 4.1 (suite)

Symptômes associés à la perception des choses

0   1   2   3

- ○ ○ ○ ☑ Je trouve la vie agréable*.
- ○ ○ ☑ ○ Je n'ai plus le sens de l'humour.
- ○ ○ ☑ ○ Je me sens pressé ou débordé.
- ○ ☑ ○ ○ Je ne retire pas de plaisir des petites choses de la vie.
- ○ ☑ ○ ○ Je suis préoccupé.
- ○ ○ ☑ ○ Tout me semble être une montagne.
- ○ ○ ○ ☑ Dès que je vois quelqu'un, je crains qu'il ait quelque chose à me demander.
- ○ ☑ ○ ○ J'ai perdu confiance en moi.
- ○ ○ ☑ ○ Je fais des drames pour un rien.
- ○ ○ ☑ ○ J'ai une attitude négative, je prends tout mal.
- ○ ☑ ○ ○ Je pense que je ne vaux pas grand-chose ou que je ne fais jamais rien de bon.

Symptômes associés à la motivation

0   1   2   3

- ○ ○ ☑ ○ Je suis motivé par mes projets*.
- ○ ○ ☑ ○ Je fais passer mes tâches avant tout.
- ○ ☑ ○ ○ Je ne sais pas ce que je veux.
- ○ ○ ○ ☑ Je manque d'enthousiasme.
- ○ ○ ☑ ○ Je n'ai pas le goût de faire quoi que ce soit.
- ○ ○ ☑ ○ J'ai de la difficulté à me mettre à la tâche, je remets tout au lendemain.
- ○ ☑ ○ ○ J'ai perdu mon désir d'apprendre, de m'instruire.
- ○ ☑ ○ ○ Je suis découragé.

Symptômes associés aux comportements

0   1   2   3

- ○ ○ ☑ ○ J'agis le plus souvent de façon saine et appropriée*.
- ○ ☑ ○ ○ J'ai des comportements brusques, je laisse tout échapper, je suis maladroit.
- ○ ☑ ○ ○ Je fais tout vite (manger, marcher, bouger, travailler, etc.).
- ○ ○ ☑ ○ Je tape du pied, des doigts, je me mords l'intérieur de la bouche.
- ○ ○ ☑ ○ Je me ronge les ongles, je ris nerveusement, etc.
- ○ ○ ☑ ○ Je me préoccupe constamment de l'heure qu'il est.
- ○ ○ ☑ ○ Je saute des repas.
- ○ ○ ☑ ○ Je fais de plus en plus d'efforts pour de moins en moins de résultats.
- ○ ☑ ○ ○ Je fuis tout ce que je peux fuir.
- ○ ☑ ○ ○ Je bois davantage de café ou d'alcool, ou je fume davantage.
- ○ ○ ☑ ○ Je prends des médicaments pour les nerfs.
- ○ ☑ ○ ○ Je prends de la drogue.

Symptômes associés à la dimension intellectuelle

0	1	2	3	
○	○	☑	○	Je me sens en pleine possession de toutes mes facultés intellectuelles*.
○	○	☑	○	Je consacre beaucoup de temps aux divertissements faciles (télé, potins, jeux faciles, etc.).
○	○	☑	○	J'ai un tourbillon d'idées dans la tête.
○	☑	○	○	J'ai les idées confuses.
○	○	☑	○	J'ai des idées fixes.
○	☑	○	○	Je rumine les mêmes choses, je tourne en rond, sans trouver d'issue.
○	☑	○	○	J'ai de la difficulté à me concentrer.
○	○	☑	○	J'ai des troubles de mémoire.
○	○	☑	○	Je ne produis rien au plan intellectuel.
○	○	☑	○	Je trouve que tout est trop compliqué.
○	○	○	☑	J'ai la tête vide.

Symptômes associés à mes relations avec les autres

0	1	2	3	
○	○	☑	○	Je me sens bien avec les autres et je me sens bien seul*.
○	☑	○	○	J'ai peur de rencontrer de nouvelles personnes.
☑	○	○	○	Je suis intolérant.
☑	○	○	○	J'éprouve beaucoup de ressentiment.
○	☑	○	○	Je fais constamment preuve d'agressivité.
☑	○	○	○	J'ai de la difficulté à être aimable.
○	☑	○	○	J'ai moins le goût d'écouter les autres.
☑	○	○	○	Je fuis les relations intimes.
○	○	☑	○	Je suis distrait quand je suis en compagnie d'autres personnes.
○	☑	○	○	Je m'isole.

Symptômes associés à l'existence

0	1	2	3	
○	○	☑	○	Je trouve que la vie est belle*.
○	☑	○	○	Je me sens inutile.
○	☑	○	○	Je ne sais plus à quelles valeurs me raccrocher.
☑	○	○	○	Ma vie spirituelle a changé.
☑	○	○	○	J'ai l'impression que quelque chose en moi est brisé.
☑	○	○	○	J'ai l'impression de ne plus me reconnaître.
○	○	☑	○	Je suis au bout du rouleau.
☑	○	○	○	J'ai un sentiment de vide.
☑	○	○	○	Je pense que la vie n'a pas de sens.
○	☑	○	○	Je suis désespéré.
☑	○	○	○	J'ai des idées suicidaires.

Bilan 4.1 (suite)

Que signifient vos choix ?

Ce questionnaire doit vous aider à prendre conscience de l'ensemble des manifestations de votre tension actuelle. Selon leur nombre, leur nature et leur intensité, vos symptômes vous montrent que vous êtes en équilibre (la vie est belle, je me sens bien avec les autres, etc.) ou en déséquilibre (je suis découragé, je ressens de la fatigue, etc.).

Selon qu'on est ou non en équilibre, on aura plus ou moins de symptômes de stress, qui seront plus ou moins intenses (il est moins grave d'avoir quelques pertes de mémoire que d'oublier tout) et qui révéleront un déséquilibre plus ou moins grand (il est plus grave d'avoir des idées suicidaires que de regarder souvent l'heure).

L'objectif est de déterminer votre état de tension actuel. Observer est une première étape. Une fois qu'on connaît mieux son niveau de stress, on peut travailler pour y remédier.

1. La nature des symptômes

Votre niveau de stress est très élevé si vous avez coché 2 ou 3 pour l'un ou l'autre des symptômes suivants : je panique, je suis à fleur de peau, je suis déprimé, je m'isole, j'ai perdu le désir d'apprendre, je fuis tout ce que je peux fuir, j'ai un sentiment de vide, je n'ai plus le goût de rien faire, je fais de plus en plus d'efforts pour de moins en moins de résultats, j'ai l'impression de ne plus me reconnaître, j'ai l'impression que quelque chose en moi est brisé, je suis désespéré, je suis au bout du rouleau et j'ai des idées suicidaires. Si vous êtes dans ce cas, il est conseillé d'aller chercher de l'aide auprès d'un professionnel.

2. L'intensité des symptômes

Les symptômes de stress vont ensemble. Si vous avez coché des 2 ou des 3 dans au moins cinq des huit catégories, vous êtes trop stressé et vous gagneriez à effectuer certains changements pour vivre mieux.

3. Le nombre de symptômes

Il n'y a pas un nombre de symptômes en deçà duquel tout va bien, ni un nombre au-delà duquel tout va mal. Cela dit, si vous ressentez modérément ou souvent plus d'une quinzaine de symptômes (2 ou 3), vous avez sans doute intérêt à essayer de réduire votre tension. Si vous en avez coché quarante ou plus, vous pouvez difficilement vous cacher que ça va mal.

4. Les indices d'équilibre

Chaque catégorie de symptômes commence par un indice suivi d'un astérisque. Ces symptômes révèlent un état d'équilibre et sont aussi importants que les autres. Ainsi, si vous trouvez que la vie est belle, si vous avez projets et de l'énergie, si vous vous sentez bien seul et avec les autres, vous êtes probablement près de l'équilibre, même si vous avez occasionnellement des maux de tête et parfois de la difficulté à vous concentrer.

Reprendre régulièrement le questionnaire

Vos réponses vous indiquent votre état de tension actuel. Dans quelques mois, selon les changements que vous aurez effectués (par exemple ceux adoptés dans le bilan 4.3) et selon les nouveaux événements qui auront marqué votre vie, votre état de tension pourrait avoir changé pour le mieux. C'est pourquoi il est utile de noter la date à laquelle vous avez rempli le questionnaire, de conserver vos résultats et d'y répondre de nouveau dans quelques mois, et ainsi de suite, périodiquement.

BILAN 4.2

Votre niveau de stress

Ce bilan vous aidera à déterminer votre niveau de stress, ainsi que la manière dont vous vous y prenez pour le maintenir à un niveau qui ne nuit pas à votre santé.

Pour chacun des énoncés suivants, indiquez, sur une échelle de 0 (jamais) à 5 (toujours), le résultat qui reflète le mieux votre situation en général, **au cours des six derniers mois**.

A. Mon niveau de stress

Mes sources de stress

1. J'ai vécu des événements importants, heureux ou malheureux (par exemple deuil, naissance, divorce de mes parents, mariage, échec scolaire, maladie importante, congédiement, etc.).

    jamais 0 1 2 3 4 5 toujours

2. Je vis des irritants ou des situations pressantes (par exemple embouteillage, imprévus, commérage, échéances brèves, double tâche maison-travail, éducation des enfants, soins à des parents âgés, manque de temps pour soi, etc.).

    jamais 0 1 2 3 4 5 toujours

3. Je manque de défis ou je souffre d'ennui, de solitude et d'isolement.

    jamais 0 1 2 3 4 5 toujours

4. J'ai l'impression de ne pas contrôler suffisamment ma vie en général.

    jamais 0 1 2 3 4 5 toujours

5. J'ai tendance à voir les choses en noir.

    jamais 0 1 2 3 4 5 toujours

6. Je suis préoccupé par mes résultats scolaires et mon choix de carrière.

    jamais 0 1 2 3 4 5 toujours

7. Ma situation financière me préoccupe.

    jamais 0 1 2 3 4 5 toujours

Bilan 4.2 (suite)

Mes signaux

8. J'éprouve des manifestations physiques qui me semblent associées au stress (par exemple troubles du sommeil, fatigue générale, maux de dos, maux de tête, troubles digestifs, etc.).

   jamais 0 1 2 3 4 5 toujours
          ○ ○ ☑ ○ ○ ○

9. J'observe des changements dans mes habitudes de vie qui me semblent associés au stress (par exemple augmentation ou diminution de l'appétit, augmentation de ma consommation de tabac, d'alcool, de drogues ou de médicaments, absences répétées au travail, fuite des responsabilités, difficultés sexuelles, etc.).

   jamais 0 1 2 3 4 5 toujours
          ○ ○ ○ ☑ ○ ○

10. Je ressens des manifestations psychologiques qui me semblent associées au stress (par exemple inquiétudes sans fondement, humeur instable, relations plus difficiles avec l'entourage et même propos ou gestes agressifs, difficulté à prendre des décisions, manque de concentration, etc.).

    jamais 0 1 2 3 4 5 toujours
           ○ ○ ○ ☑ ○ ○

Additionnez les points obtenus aux numéros 1 à 10.

Mon niveau de stress : Total A : _____30_____

B. Mes outils pour gérer mon stress

Ma façon de réagir

11. Je change les situations que je peux changer et j'accepte celles que je ne peux pas changer.

    jamais 0 1 2 3 4 5 toujours
           ○ ○ ○ ○ ☑ ○

12. Je sais voir le bon côté des choses et j'ai un bon sens de l'humour.

    jamais 0 1 2 3 4 5 toujours
           ○ ○ ○ ○ ☑ ○

Ma façon de communiquer

13. Je réussis à exprimer mes besoins et mes émotions tout en respectant ceux des autres.

    jamais 0 1 2 3 4 5 toujours
           ○ ○ ☑ ○ ○ ○

14. En cas de situation difficile, je cherche à inventer des solutions.

    jamais 0 1 2 3 4 5 toujours
           ○ ○ ☑ ○ ○ ○

15. Je peux compter sur quelqu'un en cas de difficulté.

    jamais 0 1 2 3 4 5 toujours
           ○ ○ ☑ ○ ○ ○

16. Je consulterais un professionnel de la santé si j'en ressentais le besoin.

jamais 0 1 2 3 4 5 toujours
○ ○ ⊘ ○ ○ ○

Ma façon d'organiser mon temps

17. Même en période d'activité intense, je réussis à me « débrancher », à me changer les idées.

jamais 0 1 2 3 4 5 toujours
○ ○ ⊘ ○ ○ ○

18. Je prends plaisir à des loisirs ou à des activités simples sans avoir l'impression de perdre mon temps.

jamais 0 1 2 3 4 5 toujours
○ ○ ○ ⊘ ○ ○

19. Je fais régulièrement des activités physiques ou je recours à des techniques de détente.

jamais 0 1 2 3 4 5 toujours
○ ○ ○ ○ ⊘ ○

20. Je suis capable de faire la part des choses et de répartir mon temps entre ma vie personnelle, ma vie sociale et mes études.

jamais 0 1 2 3 4 5 toujours
○ ○ ○ ○ ⊘ ○

Additionnez les points obtenus aux numéros 11 à 20.

Mes outils pour gérer mon stress : Total B : _____29_____

Maintenez-vous un bon équilibre?

Comparez votre Total B et votre Total A, puis cochez l'énoncé qui correspond à votre situation.

○ Mon Total B est **beaucoup plus grand** que mon Total A.

Félicitations! Vous possédez beaucoup d'outils pour maintenir votre équilibre.

○ Mon Total B est **plus grand** que mon Total A.

Bravo! Vous possédez un bon nombre d'outils pour maintenir votre équilibre.

⊘ Mon Total B est **égal ou presque égal** à mon Total A.

Prudence! Vous possédez un certain nombre d'outils, mais vous gagneriez à en développer davantage pour maintenir votre équilibre.

○ Mon Total B est **plus petit** que mon Total A.

Attention! Vous devriez vous appliquer à développer de nouveaux outils pour gérer votre stress et améliorer votre équilibre.

○ Mon Total B est **beaucoup plus petit** que mon Total A.

Réagissez! Vous devez apprendre à développer des outils pour gérer votre stress et améliorer votre équilibre.

Tiré de Fondation des maladies mentales. www.fmm-mif.ca

BILAN 4.3

Votre engagement en matière de stress

Maintenant que vous avez fait le point sur votre niveau de stress, vous pouvez vous poser la question suivante : que suis-je prêt à faire pour maintenir mon niveau de stress actuel, s'il est faible ou modéré, ou pour le faire baisser, s'il est élevé ?

Cochez dans le tableau qui suit les engagements que vous souhaitez prendre ; dans un mois, vous cocherez ceux que vous aurez respectés.

Je m'engage à...	Je vais le faire dès maintenant.	Après un mois, je tiens toujours le coup...	Après trois mois, je persiste et signe.
mettre le doigt sur ce qui me stresse.	Date : *14 fév*	○ Oui ○ Non	○ Oui ○ Non
éviter autant que possible les situations, les événements et les individus qui me stressent.	Date :	○ Oui ○ Non	○ Oui ○ Non
dédramatiser les situations stressantes.	Date : *14 fév*	○ Oui ○ Non	○ Oui ○ Non
être plus optimiste.	Date : *14 fév*	○ Oui ○ Non	○ Oui ○ Non
améliorer la qualité de mon sommeil (voir p. 100 du manuel).	Date :	○ Oui ○ Non	○ Oui ○ Non
utiliser, au besoin, une technique de relaxation pour me détendre.	Date :	○ Oui ○ Non	○ Oui ○ Non
effecter l'activité suivante :	Date :	○ Oui ○ Non	○ Oui ○ Non

1. Au total, vous avez pris ___*3*___ engagement(s) et vous en avez respecté _____ .

2. Le cas échéant, indiquez pour quelle raison vous n'avez pas respecté certains de vos engagements.
   ○ J'ai manqué de temps.
   ○ J'ai manqué de motivation.
   ○ Je n'étais pas aussi prêt à passer à l'action que je le pensais.
   ○ Il aurait fallu que je ne sois pas seul dans ma démarche.
   ○ Autre(s) raison(s) : _____

3. Finalement, croyez-vous être capable de gérer votre stress efficacement ? Expliquez brièvement votre réponse.
   _____
   _____
   _____

à vos méninges 5

Remarque : Il peut y avoir plus d'une bonne réponse par question.

1. Parmi les effets suivants, lequel ou lesquels sont associés à la nicotine ?

 ○ a) Un déficit en oxygène dans le sang.
 ○ b) Une dépendance physiologique.
 ○ c) Une baisse de la concentration.
 ○ d) Une hausse de la concentration de monoxyde de carbone.
 ○ e) Aucun des effets précédents.

2. Vous organisez une fête avec des amis. Parmi les trucs énumérés ci-dessous, auxquels pouvez-vous recourir pour aider vos amis à ne pas abuser de l'alcool ?

 ○ a) Servir des aliments riches en hydrates de carbone.
 ○ b) Choisir un endroit assez vaste et bien aéré.
 ○ c) Animer la fête en faisant bouger vos invités.
 ○ d) Servir des arachides salées et des croustilles.
 ○ e) Servir des aliments riches en protéines et en amidon.

3. Parmi les dépendances suivantes, laquelle entraîne le plus de morts sur la planète ?

 ○ a) L'abus de médicaments.
 ○ b) L'abus d'alcool.
 ○ c) L'abus de drogues.
 ○ d) Le tabagisme.
 ○ e) Toutes les dépendances précédentes.

4. Parmi les problèmes de santé suivants, lequel ou lesquels sont associés à un abus d'alcool passager ?

 ○ a) Perte d'appétit.
 ○ b) Diarrhée.
 ○ c) Perturbation du jugement.
 ○ d) Diminution de la coordination.
 ○ e) Constipation.

5. L'habitude de fumer des cigarettes existe depuis :

 ○ a) 50 ans.
 ○ b) 100 ans.
 ○ c) 300 ans.
 ○ d) le Moyen Âge.
 ○ e) l'Empire romain.

6. En 25 ans, le tabagisme a tué l'équivalent de :

 ○ a) 50 % de la population du Québec.
 ○ b) 100 % de la population du Canada.
 ○ c) 25 % de la population des États-Unis.
 ○ d) 90 % de la population de la France.
 ○ e) Aucune des réponses précédentes.

7. Parmi les effets bénéfiques suivants, lequel ou lesquels ressent-on lorsqu'on cesse de fumer ?

 ○ a) Le métabolisme de base augmente.
 ○ b) On a une meilleure haleine.
 ○ c) On goûte mieux les aliments.
 ○ d) On a un meilleur odorat.
 ○ e) En une semaine, le sang est plus riche de 5 à 10 % en oxygène.

8. Chez beaucoup de personnes, le taux d'alcool dans le sang peut atteindre 80 mg par 100 mL en une heure, après seulement :

 ○ a) 1 consommation.
 ○ b) 2 consommations.
 ○ c) 3 consommations.
 ○ d) 4 consommations.
 ○ e) 5 consommations.

9. Parmi les options suivantes, laquelle ou lesquelles s'offrent à vous si vous êtes sorti et que vous avez trop bu ?

 ○ a) Coucher sur place.
 ○ b) Prendre un taxi.
 ○ c) Prendre du café pour vous dégriser.
 ○ d) Danser beaucoup pour accélérer l'élimination de l'alcool.
 ○ e) Rentrer avec un chauffeur que vous aviez désigné auparavant.

10. Indiquez cinq problèmes de santé associés à l'abus chronique d'alcool.

- _____
- _____
- _____
- _____
- _____

11. Indiquez cinq conseils que vous donneriez à quelqu'un qui veut arrêter de fumer.

- _____
- _____
- _____
- _____
- _____

12. Indiquez cinq problèmes de santé graves causés par le tabagisme.

- _____
- _____
- _____
- _____
- _____

13. Indiquez trois effets intéressants de l'exercice pour quelqu'un qui veut cesser de fumer ou éviter une rechute.

- _____
- _____
- _____

14. Complétez les phrases suivantes.

a) Il n'y a pas qu'au volant que l'_____ constitue un problème. On risque de faire une mauvaise chute, d'attraper ou de transmettre une _____ , et même de faire montre de _____ verbale ou physique.

b) Beaucoup de fumeurs remettent à plus tard leur décision d'arrêter de fumer en espérant qu'une _____ viendra un jour faire tout le travail à leur _____ .

c) Les recherches ont démontré que ceux qui ne peuvent ou ne veulent pas arrêter de fumer sont toutefois capables de _____ leur consommation de cigarettes.

BILAN 5.1 ✕

Déterminez votre dépendance à la nicotine

A. À quel point êtes-vous dépendant de la nicotine?

L'échelle de tolérance à la nicotine de Fagerström est la meilleure façon de déterminer le niveau de dépendance à la nicotine. Si vous êtes fumeur, passez ce test avant de faire les autres bilans.

	0 point	1 point	2 points	points obtenus
Je fume ma première cigarette…	plus de 30 minutes après le réveil.	moins de 30 minutes après le réveil.	dès le lever.	
J'ai de la difficulté à m'abstenir de fumer là où c'est interdit.	Non.	Oui.	—	
Ce qui m'apporte le plus de satisfaction…	ce sont toutes les cigarettes, sauf la première de la journée.	c'est la première cigarette de la journée.	—	
Je fume chaque jour…	de 1 à 15 cigarettes.	de 16 à 25 cigarettes.	plus de 25 cigarettes.	
Je fume plus le matin que le reste de la journée.	Non.	Oui.	—	
Si je suis malade et alité…	je ne fume pas.	je fume.	—	
La teneur en nicotine de mes cigarettes est…	faible.	modérée.	forte.	
J'inhale la fumée.	Jamais.	Parfois.	Toujours.	

Faites le total des points obtenus. _____

Ce que votre résultat signifie…

Entre 0 et 3 points. Vous êtes peu ou pas du tout dépendant.

Entre 4 et 6 points. Vous êtes moyennement dépendant.

Entre 7 et 9 points. Vous êtes sérieusement dépendant.

10 points et plus. Vous êtes complètement dépendant.

B. Où, quand et pourquoi fumez-vous?

Le formulaire qui suit vous aidera à déterminer ce qui vous pousse à fumer et les satisfactions que vous en retirez. Vous devrez avoir ce formulaire à portée de la main pendant toute une journée: faites-en une photocopie, pliez-la en deux et insérez-la dans votre paquet de cigarettes ou placez-la dans un autre endroit facilement accessible. Avant de fumer une cigarette, inscrivez sur le formulaire l'heure, l'endroit, la personne avec qui vous êtes (le cas échéant), votre humeur (bonne ou mauvaise) et votre besoin réel de fumer à ce moment précis. Vous verrez, l'exercice est très instructif!

Dans la colonne «Humeur», inscrivez:

B: si vous vous sentez bien ou de bonne humeur avant de fumer.

M: si vous vous sentez en colère, triste ou de mauvaise humeur avant de fumer.

?: si vous n'êtes pas certain de la nature de vos sentiments avant de fumer.

Dans la colonne «Besoin», notez l'intensité (de 1 à 5) de votre besoin de fumer. Inscrivez:

1: si cette cigarette n'est pas du tout indispensable.

5: si vous avez «désespérément» besoin de cette cigarette.

Cigarette	Heure	Endroit	Avec qui?	Humeur (B, M ou ?)	Besoin (1 à 5)
1 re					
2 e					
3 e					
4 e					
5 e					
6 e					
7 e					
8 e					
9 e					
10 e					
11 e					
12 e					
13 e					
14 e					
15 e					
16 e					
17 e					
18 e					
19 e					
20 e					

Bilan 5.1 (suite)

Cigarette	Heure	Endroit	Avec qui ?	Humeur (B, M ou ?)	Besoin (1 à 5)
21e					
22e					
23e					
24e					
25e					

Programme Vie 100 Fumer Santé Canada – Formulaire de suivi, http://www.hc-sc.gc.ca/hecs-sesc/tabac/jeunesse/cesser/100st 3envie.html, Santé Canada, 2002 © Adapté et reproduit avec la permission du Ministre des Travaux publics et Services gouvernementaux Canada, 2003.

Répondez maintenant à ces questions.

1. Parmi les cigarettes que vous avez fumées pendant la journée, combien…

  a) satisfont un besoin « désespéré » de fumer ? _____

  b) ne satisfont aucun besoin particulier ? _____

  c) l'ont été alors que vous étiez de mauvaise humeur ? _____ de bonne humeur ? _____

2. Compte tenu de ce qui vous pousse à fumer en général et des satisfactions que la cigarette vous procure, quelles conclusions en tirez-vous ?

  _____

  _____

  _____

C. Êtes-vous vraiment prêt à arrêter de fumer ?

Vous connaissez à présent votre degré de dépendance à la nicotine (et donc le degré de difficulté qui vous attend si vous décidez d'arrêter de fumer). Vous connaissez aussi ce qui vous pousse à fumer et les satisfactions que vous en retirez. La question qui se pose est la suivante : êtes-vous vraiment prêt à arrêter ? Le court bilan qui suit vous aidera à y répondre.

Arrêteriez-vous de fumer si vous pouviez le faire facilement ?

  ○ Non (0 point)   ○ Oui (1 point)

Avez-vous réellement envie d'arrêter de fumer ?

  ○ Pas du tout (0 point)   ○ Moyennement (2 points)

  ○ Un peu (1 point)   ○ Beaucoup (3 points)

Pensez-vous réussir à arrêter de fumer au cours des deux semaines à venir ?

  ○ Non (0 point)   ○ Vraisemblablement (2 points)

  ○ Peut-être (1 point)   ○ Certainement (3 points)

Selon ce que vous entrevoyez aujourd'hui, serez-vous un ex-fumeur dans six mois?

- ○ Non (0 point)
- ○ Peut-être (1 point)
- ○ Vraisemblablement (2 points)
- ○ Certainement (3 points)

Faites le total des points obtenus. _____

Ce que votre résultat signifie...

Entre 0 et 2 points. Votre degré de motivation est faible : vous n'êtes pas vraiment décidé à arrêter de fumer.

Entre 3 et 6 points. Votre degré de motivation est moyen : vous commencez à être décidé à arrêter de fumer.

7 points et plus. Votre degré de motivation est élevé : vous êtes vraiment décidé à arrêter de fumer.

BILAN 5.2

Votre engagement en matière de consommation de cigarettes

Maintenant que vous avez fait le point sur votre dépendance à la nicotine, vous pouvez vous poser la question suivante : que suis-je prêt à faire pour fumer moins ou arrêter de fumer ?

Cochez dans le tableau qui suit les engagements que vous souhaitez prendre ; dans un mois, vous cocherez ceux que vous aurez respectés.

Je m'engage à...	Je vais le faire dès maintenant.	Après un mois, je tiens toujours le coup...	Après trois mois, je persiste et signe.
faire comme la plupart des ex-fumeurs : arrêter par moi-même sans attendre la méthode miracle.	Date :	○ Oui ○ Non	○ Oui ○ Non
prendre ma décision au moment opportun.	Date :	○ Oui ○ Non	○ Oui ○ Non
faire de l'exercice.	Date :	○ Oui ○ Non	○ Oui ○ Non
éviter le plus possible les endroits et les occasions qui incitent à fumer.	Date :	○ Oui ○ Non	○ Oui ○ Non
diminuer graduellement ma consommation de cigarettes.	Date :	○ Oui ○ Non	○ Oui ○ Non
passer un contrat avec un ami dans lequel je m'engage à arrêter de fumer à une date précise.	Date :	○ Oui ○ Non	○ Oui ○ Non
prendre contact avec un organisme voué à la lutte contre le tabagisme.	Date :	○ Oui ○ Non	○ Oui ○ Non
prendre la mesure suivante : _____ _____	Date :	○ Oui ○ Non	○ Oui ○ Non

1. Au total, vous avez pris _____ engagement(s) et vous en avez respecté _____ .

2. Le cas échéant, pour quelle raison n'avez-vous pas respecté certains de vos engagements ?
   ○ J'ai manqué de temps.
   ○ J'ai manqué de motivation.
   ○ Je n'étais pas aussi prêt à passer à l'action que je le pensais.
   ○ Il aurait fallu que je ne sois pas seul dans ma démarche.
   ○ Autre(s) raison(s) :

   _____

   _____

   _____

3. Finalement, croyez-vous être capable de cesser de fumer dans un avenir rapproché ? Expliquez brièvement votre réponse.

   _____

   _____

   _____

   _____

   _____

   _____

BILAN 5.3 ✕

Déterminez votre dépendance à l'alcool

Le petit test qui suit vous permettra de mesurer votre degré de dépendance à l'alcool. Pour chaque question, choisissez la réponse qui décrit le mieux votre attitude à l'égard de l'alcool au cours des 12 derniers mois et inscrivez le nombre de points obtenus dans la case appropriée. Faites ensuite le total de vos points.

Rappelons qu'une consommation d'alcool est l'équivalent d'un verre de bière (340 mL ou 12 oz), d'un verre de vin (125 mL ou 4,5 oz) ou d'un verre de spiritueux (40 mL ou 1,5 oz).

	0 point	1 point	2 points	3 points	4 points	Points obtenus
1. À quelle fréquence prenez-vous de l'alcool ?	Jamais.	Une fois par mois ou moins.	Deux à quatre fois par mois.	Deux ou trois fois par semaine.	Plus de trois fois par semaine.	
2. Combien de consommations d'alcool prenez-vous, en moyenne, par jour ?	Aucune, une ou deux.	Trois ou quatre.	Cinq ou six.	Sept à neuf.	Dix ou plus.	
3. Vous arrive-t-il souvent de prendre six consommations ou plus en une même occasion ?	Jamais.	Moins d'une fois par mois.	Une fois par mois.	Une fois par semaine.	Tous les jours ou presque.	
4. Au cours des 12 derniers mois, vous est-il arrivé de ne plus être capable d'arrêter de boire une fois que vous aviez commencé ?	Jamais.	Moins d'une fois par mois.	Une fois par mois.	Une fois par semaine.	Tous les jours ou presque.	
5. Au cours des 12 derniers mois, vous est-il arrivé de ne pas faire ce que vous deviez faire à cause d'une trop grande consommation d'alcool ?	Jamais.	Moins d'une fois par mois.	Une fois par mois.	Une fois par semaine.	Tous les jours ou presque.	
6. Au cours des 12 derniers mois, vous est-il arrivé de prendre un verre le matin pour vous aider à démarrer la journée après avoir trop bu la veille ?	Jamais.	Moins d'une fois par mois.	Une fois par mois.	Une fois par semaine.	Tous les jours ou presque.	
7. Au cours des 12 derniers mois, vous êtes-vous senti coupable ou pris de remords après avoir trop bu ?	Jamais.	Moins d'une fois par mois.	Une fois par mois.	Une fois par semaine.	Tous les jours ou presque.	
8. Au cours des 12 derniers mois, vous est-il arrivé d'être incapable de vous rappeler ce que vous aviez fait la veille parce que vous aviez trop bu ?	Jamais.	Moins d'une fois par mois.	Une fois par mois.	Une fois par semaine.	Tous les jours ou presque.	
9. Vous êtes-vous déjà blessé ou avez-vous déjà causé une blessure à autrui parce que vous aviez trop bu ?	Non.		Oui, mais pas au cours des 12 derniers mois.		Oui, au cours des 12 derniers mois.	
10. Vos parents, vos amis, votre médecin ou un autre travailleur de la santé s'inquiètent-ils de votre consommation d'alcool ou vous suggèrent-ils de la diminuer ?	Non.		Oui, mais pas au cours des 12 derniers mois.		Oui, au cours des 12 derniers mois.	
					Total : _____	

Ce que votre résultat signifie…

Entre 0 et 4 points. Vous n'avez aucune dépendance à l'alcool.

Entre 5 et 7 points. Vous avez une certaine dépendance à l'alcool.

8 points et plus. Vous avez une forte dépendance à l'alcool.

BILAN 5.4

Votre engagement en matière de consommation d'alcool

Maintenant que vous avez fait le point sur votre dépendance à l'alcool, vous pouvez vous poser la question suivante : que suis-je prêt à faire pour éviter l'abus d'alcool et ses conséquences ? Cochez dans le tableau qui suit les engagements que vous souhaitez prendre ; dans un mois, vous cocherez ceux que vous aurez respectés.

Je m'engage à...	Je vais le faire dès maintenant.	Après un mois, je tiens toujours le coup...	Après trois mois, je persiste et signe.
boire lentement.	Date :	◯ Oui ◯ Non	◯ Oui ◯ Non
avoir la volonté de dire « non » quand on insiste pour me faire boire.	Date :	◯ Oui ◯ Non	◯ Oui ◯ Non
manger avant de prendre un verre.	Date :	◯ Oui ◯ Non	◯ Oui ◯ Non
faire appel à l'opération Nez rouge ou à me faire reconduire par un ami ou un proche chaque fois que j'aurai dépassé la limite légale pour la conduite.	Date :	◯ Oui ◯ Non	◯ Oui ◯ Non
utiliser les alcootests disponibles dans les bars pour vérifier mon taux d'alcool.	Date :	◯ Oui ◯ Non	◯ Oui ◯ Non
éviter de boire de la bière pour combattre la soif ; je prendrai d'abord de l'eau.	Date :	◯ Oui ◯ Non	◯ Oui ◯ Non
éviter le piège consistant à recourir à l'alcool pour « oublier » ses problèmes.	Date :	◯ Oui ◯ Non	◯ Oui ◯ Non
prendre la mesure suivante : _____ _____	Date :	◯ Oui ◯ Non	◯ Oui ◯ Non

1. Au total, vous avez pris _____ engagement(s) et vous en avez respecté _____ .

2. Le cas échéant, pour quelle raison n'avez-vous pas respecté certains de vos engagements ?
   ○ J'ai manqué de temps.
   ○ J'ai manqué de motivation.
   ○ Je n'étais pas aussi prêt à passer à l'action que je le pensais.
   ○ Il aurait fallu que je ne sois pas seul dans ma démarche.
   ○ Autre(s) raison(s) :

   _____

   _____

   _____

   _____

3. Finalement, croyez-vous être capable d'éviter l'abus d'alcool ? Expliquez brièvement votre réponse.

   _____

   _____

   _____

   _____

   _____

   _____

méninges
à vos méninges 6

Remarque : Il peut y avoir plus d'une bonne réponse par question.

1. Parmi les affirmations suivantes, laquelle ou lesquelles sont fondées ?

○ **a)** Les risques de souffrir d'un cancer de la peau sont moins importants si on reste en forme.

○ **b)** Si on sue beaucoup, c'est le signe qu'on est en mauvaise forme.

○ **c)** Le matin est le meilleur moment pour faire de l'exercice.

○ **d)** L'exercice retarde le déclin des fonctions respiratoires associé au vieillissement.

○ **e)** On doit toujours passer un examen médical avant de commencer un programme de mise en forme.

2. Pourquoi est-il bon qu'une femme enceinte reste en forme ?

○ **a)** Les visites médicales peuvent être réduites.

○ **b)** Elle aura moins de nausées en début de grossesse.

○ **c)** La récupération physique sera plus rapide après l'accouchement.

○ **d)** Le métabolisme diminue pendant la grossesse.

○ **e)** Aucune des affirmations précédentes.

3. Pourquoi un muscle inactif ne se transforme-t-il pas en graisse ?

○ **a)** Parce que les cellules musculaires ne peuvent pas se transformer en cellules adipeuses.

○ **b)** Parce que les glucides en réserve dans le muscle sont éliminés par la voie urinaire.

○ **c)** Parce que les protéines se dégradent et sont éliminées par la voie urinaire.

○ **d)** Parce que les lipides en réserve dans le muscle sont métabolisés dans le foie.

○ **e)** Pour aucune des raisons précédentes.

4. Que signifie l'expression « effet thermique des aliments » ?

○ **a)** Une fois dans l'estomac, les aliments prennent la température du corps.

○ **b)** L'organisme dépense des calories pour digérer les aliments.

○ **c)** La digestion des aliments ralentit le métabolisme de base.

○ **d)** Les aliments digérés libèrent de la chaleur.

○ **e)** Toutes les définitions précédentes.

5. Vrai ou faux ?

a) L'arrêt des règles causé par un entraînement physique intense est irréversible.   V   F

b) À entraînement musculaire équivalent, les femmes peuvent, en général, avoir des muscles aussi gros que les hommes.   V   F

c) Les risques de souffrir d'un cancer de la peau sont moins importants si on reste en forme.   V   F

d) L'air froid qui pénètre dans les voies respiratoires est réchauffé avant d'atteindre les bronches.   V   F

e) On peut maigrir du ventre si on fait des exercices pour les muscles du ventre.   V   F

méninges
à vos méninges 7

Remarque : Il peut y avoir plus d'une bonne réponse par question.

1. **Si une situation d'urgence vous oblige à quitter les lieux à toute vitesse, quelle composante de votre organisme vous permettra de le faire ?**
   - a) Les granules de glycogène dans les muscles.
   - b) Le système de transport de l'oxygène.
   - c) L'ATP en réserve dans les muscles.
   - d) La créatine phosphate en réserve dans les muscles.
   - e) Aucune des composantes précédentes.

2. **Pendant combien de temps les muscles peuvent-ils fournir un effort maximal grâce à leur réserve d'ATP ?**
   - a) Plus de deux minutes.
   - b) Une seconde.
   - c) Au moins 30 secondes.
   - d) Deux ou trois secondes.
   - e) Plus de 10 secondes.

3. **Comment définiriez-vous l'ATP ?**
   - a) C'est une hormone à haute teneur en énergie.
   - b) C'est un hydrate de carbone mis en réserve uniquement dans les muscles.
   - c) C'est une protéine qui permet la contraction du muscle.
   - d) C'est une molécule à base d'acides aminés à haute teneur en énergie.
   - e) Aucune des réponses précédentes.

4. **Sur combien de systèmes le corps peut-il compter pour alimenter les muscles en ATP ?**
   - a) Un système.
   - b) Deux systèmes.
   - c) Trois systèmes.
   - d) Quatre systèmes.
   - e) Cinq systèmes.

5. **Parmi les systèmes suivants, lequel ou lesquels fournissent de l'ATP aux muscles ?**
   - a) Le système cardiovasculaire.
   - b) Le système endocrinien.
   - c) Le système à oxygène.
   - d) Le système ATP-CP.
   - e) Le système sympathique.

6. **Dans lequel ou lesquels des systèmes de production d'ATP suivants le muscle se contracte-t-il sans présence d'oxygène ?**
   - a) Le système anaérobie.
   - b) Le système aérobie.
   - c) Le système anaérobie lactique.
   - d) Le système aérobie alactique.
   - e) Le système anaérobie alactique.

7. **Que se passe-t-il dans la cellule musculaire quand un exercice intense dure plus de 30 secondes ?**
   - a) Il y a de plus en plus d'oxygène dans la cellule.
   - b) Il y a de plus en plus d'acide lactique dans la cellule.
   - c) Il y a de plus en plus de glycogène dans la cellule.
   - d) Il y a de moins en moins de glucose dans la cellule.
   - e) Il y a de plus en plus d'ATP disponible dans la cellule.

8. **Complétez les phrases suivantes.**

   a) Le système ATP-CP représente la voie _____ sans production d'acide _____ .

   b) Pour éliminer l'acide lactique, il n'y a qu'une solution : _____ l'intensité de l'effort.

   c) Lorsque l'_____ arrive dans les cellules musculaires, une production d'ATP pratiquement _____ peut commencer.

9. **Associez les systèmes producteurs d'ATP (liste de gauche) et les activités physiques (liste de droite).**

Systèmes	Activités
1. Système ATP-CP.	a) Marathon.
2. Système à glycogène.	b) Départ au sprint.
3. Système à oxygène.	c) Course de 400 mètres en natation.

à vos méninges **8**

Remarque : Il peut y avoir plus d'une bonne réponse par question.

1. En quoi consiste la condition physique ?

○ **a)** C'est la capacité de courir le plus vite possible.

○ **b)** C'est la capacité de lever des charges lourdes sans se blesser.

○ **c)** C'est la capacité de faire des exercices aérobiques.

● **d)** C'est la capacité de s'adapter à l'effort physique en général.

○ **e)** Aucune des réponses précédentes.

2. Parmi les tests suivants, lequel permet d'évaluer la flexibilité des épaules ?

○ **a)** Le test de la flexion du tronc en position assise.

○ **b)** Le test des mains dans le dos en position debout.

○ **c)** Le test des pompes.

○ **d)** Le test des demi-redressements du tronc.

● **e)** Aucune des réponses précédentes.

3. À quoi le Q-AAP sert-il ?

○ **a)** À estimer notre espérance de vie en bonne santé.

○ **b)** À déterminer notre capacité vitale.

● **c)** À déterminer notre aptitude à pratiquer l'activité physique.

○ **d)** À déterminer notre aptitude à faire un exercice en force.

○ **e)** À déterminer notre aptitude à faire un effort anaéro- bique.

4. Indiquez cinq effets sur le cerveau de l'entraînement en endurance cardiovasculaire.

• Formation de connections neuronales.

• Freiner l'atrophie du cerveau.

• + activité des ondes alpha.

• diminution risque a.c.v.

• meilleure concentration.

5. Un exercice aérobique peut augmenter le débit sanguin dans le cerveau de plus de :

○ **a)** 10 %.

○ **b)** 20 %.

● **c)** 30 %.

○ **d)** 40 %.

○ **e)** 50 %.

6. À quoi un MET équivaut-il ?

○ **a)** À la dépense calorique quand on dort.

○ **b)** À la dépense calorique au repos.

● **c)** À la consommation maximale d'oxygène d'un individu.

○ **d)** À la dette d'oxygène après l'exercice.

○ **e)** À aucune des réponses précédentes.

7. Le niveau de consommation maximale d'oxygène (CMO_2) est un indice :

○ **a)** De l'état de santé des artères du cœur.

○ **b)** De la capacité anaérobique.

○ **c)** De la capacité pulmonaire.

● **d)** Du niveau d'endurance cardiovasculaire.

○ **e)** De la capacité à éliminer l'acide lactique.

8. Pourquoi est-il important d'évaluer les réserves de graisse abdominale ?

○ **a)** Parce qu'on accumule plus facilement ce type de graisse.

● **b)** Parce que la graisse abdominale est dangereuse pour la santé.

○ **c)** Parce que la graisse abdominale est difficile à éliminer.

○ **d)** Parce que la graisse abdominale favorise les maux de dos.

○ **e)** Aucune des réponses précédentes.

9. Indiquez deux mesures utilisées pour estimer les réserves de graisse.

• Kg

• %

10. Indiquez trois tests utilisés pour évaluer l'endurance cardiovasculaire.

- *Marche et course 12 min.*
- *Natation 12 min cooper*
- *marche 1,6 Km!*

11. Donnez cinq avantages d'avoir des muscles vigoureux.

- *Renforcement os, tendons*
- *meilleur soutien viscères.*
- *meilleur image corporelle*
- *amélioration posture.*
- *hausse mét. de base.*

12. Quels sont les quatre déterminants variables de la condition physique ?

- *endurance musc*
- *flexibilité*
- *Force musculaire*
- *end. cardio vasc.*

13. Associez à chaque définition (colonne de gauche) le déterminant de la condition physique correspondant (colonne de droite).

Définitions		Déterminants
b 1.	Capacité de faire bouger une articulation dans toute son amplitude sans ressentir de raideur ni de douleur.	a) Endurance musculaire.
c 2.	Capacité de développer une forte tension au moment d'une contraction maximale.	b) Flexibilité.
D 3.	Capacité de fournir pendant un certain temps un effort modéré sollicitant l'ensemble des muscles.	c) Force musculaire.
a 4.	Capacité de répéter ou de maintenir pendant un certain temps une contraction modérée.	d) Endurance cardiovasculaire.

14. Associez chacun des tests (liste de gauche) au déterminant de la condition physique correspondant (liste de droite).

Définitions		Déterminants
C 1.	Test du dynamomètre.	a) Endurance musculaire.
D 2.	Physitest aérobie canadien modifié	b) Flexibilité.
a 3.	Test des demi-redressements du tronc.	c) Force musculaire.
b 4.	Test de flexion du tronc en position assise.	d) Endurance cardio-vasculaire.

15. Laquelle des affirmations suivantes est vraie ?

- ○ a) On ne peut pas améliorer sa condition physique sans l'aide d'un entraîneur personnel.
- ○ b) On ne peut pas améliorer sa condition physique sans aller dans un centre de conditionnement physique.
- ○ c) On ne peut pas améliorer sa condition physique sans faire de la musculation.
- ● d) On ne peut pas améliorer sa condition physique sans bouger son corps.
- ○ e) On ne peut pas améliorer sa condition physique sans faire de sport.

BILAN 8.1

4/5

Vos capacités physiques et vos besoins

Maintenant que vous avez évalué les différents déterminants de votre condition physique, vous pouvez faire le bilan de vos capacités physiques et de vos besoins en matière d'activité physique. Il est très utile de déterminer ces besoins pour vous fixer des objectifs de mise en forme (chapitres 11 et 12) ou pour faire un choix éclairé d'activités physiques à pratiquer (chapitre 13).

Marche à suivre

1. Reportez les résultats de votre évaluation physique dans les tableaux A et B suivants.

2. Interprétez ces résultats en cochant la case qui correspond au niveau obtenu (très élevé à supérieur, élevé, moyen, etc.).

3. Dans la dernière colonne, cochez les aspects que vous avez déterminés pour améliorer votre condition physique. Ces aspects constituent, en fait, vos besoins à combler.

4. Répondez aux questions de la rubrique « Réflexion personnelle ».

Tableau A : Profil de votre condition physique

Endurance cardiovasculaire :

Test : *Test Bip.*

Résultat 1*	*76, Palier 8*	Cote 1 (encercler) :	TF	F	(M)	E	TE/S
Résultat 2**		Cote 2 (encercler) :	TF	F	M	E	TE/S

Prédiction de votre consommation maximale d'oxygène (voir p. 185 du manuel et suivantes)

1re fois : _____ mL/kg/min _____ METS

2e fois : _____ mL/kg/min _____ METS

Force de préhension :

Test : *avec dynamomètre*

Résultat 1	*108*	Cote 1 :	TF	F	M	E	(TE/S)
Résultat 2		Cote 2 :	TF	F	M	E	TE/S

▶

Légende : S : supérieur ; TÉ : très élevé ; É : élevé ; M : moyen ; F : faible ; TF : très faible.

* Exprimé en données brutes (par exemple 2,8 km au 12 minutes de Cooper ou 50 répétitions au test des demi-redressements).

** Si vous refaites le test.

▶ Tableau A (suite)

Force des bras (1 RM selon la formule de Brzychi, p. 195 du manuel)

Résultat 1 _____	Cote 1 :	TF	F	M	E	TE/S
Résultat 2 _____	Cote 2 :	TF	F	M	E	TE/S

Force des jambes (1 RM selon la formule de Brzychi, p. 195 du manuel)

Résultat 1 _____	Cote 1 :	TF	F	M	E	TE/S
Résultat 2 _____	Cote 2 :	TF	F	M	E	TE/S

Endurance des abdominaux (demi-redressements assis)

Test : *demi-redressements*

Résultat 1 _____ 50 _____	Cote 1 :	TF	F	(M)	E	TE/S
Résultat 2 _____	Cote 2 :	TF	F	M	E	TE/S

Endurance des bras et du haut du corps (pompes)

Test : *test push-up*

Résultat 1 _____ 30 _____	Cote 1 :	TF	F	M	(E)	TE/S
Résultat 2 _____	Cote 2 :	TF	F	M	E	TE/S

Autre test d'endurance musculaire

Test : _____

Résultat 1 _____	Cote 1 :	TF	F	M	E	TE/S
Résultat 2 _____	Cote 2 :	TF	F	M	E	TE/S

Premier test de la flexibilité des épaules

Résultat 1 _____	Cote 1 :	TF	F	M	E	TE/S
Résultat 2 _____	Cote 2 :	TF	F	M	E	TE/S

Bilan 8.1 (suite)

▶ ## Tableau A (suite)

Second test de la flexibilité des épaules						
Résultat 1 *au niveau tête*	Cote 1 :	TF	F	(M)	E	TE/S
Résultat 2 _____	Cote 2 :	TF	F	M	E	TE/S
Flexibilité du bas du dos et de l'arrière des jambes						
Résultat 1 *Doigts touchent mur.*	Cote 1 :	TF	F	(M)	E	TE/S
Résultat 2 _____	Cote 2 :	TF	F	M	E	TE/S
Autre test de flexibilité effectué : _____						
Résultat 1 _____	Cote 1 :	TF	F	M	E	TE/S
Résultat 2 _____	Cote 2 :	TF	F	M	E	TE/S
Autre test effectué : _____						
Résultat 1 _____	Cote 1 :	TF	F	M	E	TE/S
Résultat 2 _____	Cote 2 :	TF	F	M	E	TE/S

Tableau B : Profil de votre composition corporelle

Mesures	Sous la moyenne		Dans la moyenne		Élevé		Très élevé	
	1re fois	2e fois	1re fois	2e fois	1re fois	2e fois	1re fois	2e fois
Pourcentage de graisse Résultat 1 : _____ % Résultat 2 : _____ %								
Tour de taille Résultat 1 : *92* cm Résultat 2 : _____ cm	✓							

© ÉDITIONS DU RENOUVEAU PÉDAGOGIQUE INC.

Mesures	Sous la moyenne		Dans la moyenne		Élevé		Très élevé	
	1re fois	2e fois	1re fois	2e fois	1re fois	2e fois	1re fois	2e fois
Rapport taille-hanches Résultat 1 : 0,94 Résultat 2 : _____			✓					
IMC Résultat 1 : 23 Résultat 2 : _____			✓					

Réflexion personnelle sur vos points forts et vos points faibles ainsi que sur vos besoins à combler à la suite de l'évaluation de votre condition physique

Quels sont vos points forts (par exemple : j'ai un niveau d'endurance cardiovasculaire élevé, j'ai de bons abdominaux) ?

Je suis fort physiquement et j'ai une bonne endurance musculaire.

Selon vous, pourquoi avez-vous ces points forts ?

Car je fais de la musculation 3 fois par semaine et j'ai joué au football au secondaire.

Quels sont vos points faibles (par exemple : je manque de flexibilité au niveau des épaules, je manque d'endurance musculaire au niveau des muscles du haut du dos) ?

J'ai une flexibilité moyenne au niveau des jambes.

Bilan 8.1 (suite)

Selon vous, pourquoi avez-vous ces points faibles?

Je ne m'étire pas après mes séances de musculation.

Quelles peuvent être les conséquences à long terme de ces points faibles sur votre santé et votre bien-être?

Probablement aucunes car ma flexibilité est quand même acceptable.

Quels sont vos besoins à combler (par exemple: améliorer mon endurance cardiovasculaire, augmenter ma force musculaire)?

J'aimerais améliorer mon endurance cardio-vasculaire et ma flexibilité au niveau des jambes.

Expliquez, sommairement, comment vous allez vous y prendre pour combler vos besoins.

Je joue au flag football et je pense que nos entraînements devraient m'aider à améliorer mon endurance cardio-vasculaire. Je vais aussi m'étirer après mes séances de musculation.

— 2,5

à vos méninges **9**

Remarque : Il peut y avoir plus d'une bonne réponse par question.

1. **La colonne vertébrale de l'être humain n'est pas droite. Quels sont les avantages de sa double courbure ?**

   ○ **a)** Il y a moins de pression sur chaque vertèbre.
   ○ **b)** La pression sur les vertèbres inférieures est beaucoup moins importante que si la colonne vertébrale était droite.
   ○ **c)** Cette forme en S diminue les risques de maux de dos.
   ○ **d)** Cette forme en S diminue les risques de scoliose.
   ○ **e)** Aucune des réponses précédentes.

2. **Parmi les groupes musculaires suivants, lesquels sont principalement associés à la lordose ?**

   ○ **a)** Muscles de la région des épaules.
   ○ **b)** Muscles des avant-bras.
   ○ **c)** Muscles abdominaux.
   ○ **d)** Muscles fléchisseurs des hanches.
   ○ **e)** Muscles de la région de la nuque.

3. **Quelle est la principale cause des maux de dos (environ 80 % des cas) ?**

   ○ **a)** Des malformations congénitales.
   ○ **b)** Des accidents de travail ou de la route.
   ○ **c)** Des déséquilibres entre groupes musculaires.
   ○ **d)** Une force trop grande des muscles du bas du dos.
   ○ **e)** Un étirement trop grand des muscles ischio-jambiers.

4. **Que peut provoquer la lordose ?**

   ○ **a)** Une cervicalgie.
   ○ **b)** Une lombalgie.
   ○ **c)** Un torticolis.
   ○ **d)** L'accentuation d'une asymétrie latérale.
   ○ **e)** Des maux de tête.

5. **Qu'est-ce qu'une scoliose ?**

   ○ **a)** Une déviation frontale de la colonne vertébrale.
   ○ **b)** Une déviation latérale de la colonne vertébrale.
   ○ **c)** Une déviation axiale de la colonne vertébrale.
   ○ **d)** Une déviation avant-arrière de la colonne vertébrale.
   ○ **e)** Aucune des réponses précédentes.

6. **Quand on soulève un objet de 10 kg du sol sans plier les genoux, la pression qui s'exerce sur les disques intervertébraux du bas du dos peut atteindre jusqu'à :**

   ○ **a)** 50 kg.
   ○ **b)** 100 kg.
   ○ **c)** 200 kg.
   ○ **d)** 400 kg.
   ○ **e)** 500 kg.

7. **Quand une hernie discale survient-elle ?**

   ○ **a)** Lorsque deux vertèbres se touchent.
   ○ **b)** Lorsqu'une vertèbre glisse vers l'avant.
   ○ **c)** Lorsqu'un nerf situé le long de la colonne vertébrale se coince.
   ○ **d)** Lorsqu'une partie du noyau gélatineux du disque intervertébral sort par une fissure.
   ○ **e)** Aucune des réponses précédentes.

8. **Dans quelle position la pression sur les disques intervertébraux est-elle la plus faible ?**

   ○ **a)** En position assise.
   ○ **b)** En position assise et penchée vers l'avant.
   ○ **c)** En position couchée sur le ventre.
   ○ **d)** En position couchée sur le dos.
   ○ **e)** En position debout.

9. **Une bonne chaise doit comporter :**

   ○ **a)** Des roulettes.
   ○ **b)** Un dossier droit.
   ○ **c)** Un siège moelleux.
   ○ **d)** Un soutien lombaire.
   ○ **e)** Tous les éléments précédents.

10. **À quel problème la cyphose est-elle associée ?**

   ○ **a)** À un creux prononcé dans le bas du dos.
   ○ **b)** À une déviation latérale de la colonne vertébrale.
   ○ **c)** À une courbure du haut du dos.
   ○ **d)** À un déséquilibre entre les muscles abdominaux et les muscles dorsaux.
   ○ **e)** Aucun des problèmes précédents.

11. Quelle distance entre les yeux et l'écran d'un ordinateur réduit au minimum la fatigue oculaire ?

- a) 10 à 20 cm.
- b) 20 à 35 cm.
- c) 35 à 50 cm.
- d) 45 à 70 cm.
- e) 70 à 95 cm.

12. Si on travaille en position debout pendant de longues périodes, qu'est-il souhaitable de faire ?

- a) S'asseoir de temps en temps dans la mesure du possible.
- b) Se tenir sur une jambe, puis sur l'autre, en alternance.
- c) Poser les pieds en alternance sur un repose-pied.
- d) Effectuer de grands cercles avec les bras.
- e) Aucune des réponses précédentes.

13. Quand on soulève un objet lourd posé sur le sol, qu'est-il souhaitable de faire ?

- a) Garder les jambes et le dos bien droits.
- b) Plier les bras.
- c) Garder la tête haute.
- d) Plier d'abord les genoux.
- e) Aucune des réponses précédentes.

14. Que se passe-t-il lorsqu'on porte des chaussures à talons hauts ?

- a) Le poids du corps est supporté en grande partie par l'arrière du pied.
- b) Le poids du corps est supporté en grande partie par l'avant du pied.
- c) Le poids du corps est également réparti entre l'avant et l'arrière du pied.
- d) Le poids du corps est réparti de la même façon que si on portait des chaussures normales.
- e) Aucune des réponses précédentes.

15. Que peut provoquer le port de chaussures à talons hauts ?

- a) Une cyphose.
- b) Une scoliose.
- c) Une lordose.
- d) Un pivotement du bassin vers l'arrière.
- e) Toutes les réponses précédentes.

16. Quelles sont les trois principales déviations possibles de la colonne vertébrale ?

- _____
- _____
- _____

17. Donnez trois comportements liés à la pratique d'un sport qui peuvent être dangereux pour le dos.

- _____
- _____
- _____

18. Complétez les phrases suivantes.

a) Une bonne posture permet de maintenir un alignement harmonieux du _____, de la _____ et du _____.

b) La lordose est probablement la _____ la plus _____.

c) La région lombaire est la région la plus _____ de la colonne vertébrale et elle supporte les deux tiers du _____ corporel. En fait, _____ % des mouvements du tronc proviennent de cette région.

BILAN 9.1

Votre posture debout et immobile

Après la lecture de ce chapitre, vous vous demandez peut-être si votre colonne est droite ou « déviante ». Les quatre petits tests suivants vous permettront de connaître l'état de votre posture debout et immobile.

Le dos appuyé contre un mur, demandez à quelqu'un de mesurer, à l'aide d'une règle graduée en centimètres, votre creux lombaire (espace entre le mur et la partie la plus creuse de votre dos) et votre creux cervical (espace entre le mur et la partie la plus creuse de votre cou). Notez que l'arrière du crâne, la région des omoplates, les fesses et les talons doivent être en contact avec le mur.

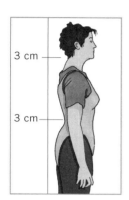

1. Bonne posture

Une bonne posture est associée à des creux lombaire et cervical de 3 à 5 cm de profondeur chacun.

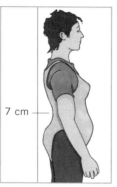

2. Lordose

Si la profondeur de votre creux lombaire est de 7 cm ou plus, vous souffrez d'une lordose. Plus le creux est prononcé, plus la lordose est forte. Dans ce cas, en plus d'appliquer les mesures préventives suggérées dans ce chapitre, vous devriez faire régulièrement des exercices destinés à réduire la lordose.

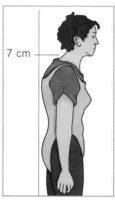

3. Cyphose

Si la profondeur de votre creux cervical est de 7 cm ou plus, vous souffrez d'une cyphose. Vos épaules sont probablement tombantes, votre tête projetée vers l'avant, et votre dos, voûté. Un thérapeute spécialisé en soins du dos (physiothérapeute, chiropraticien, ostéopathe, physiatre, orthopédiste, praticien d'une méthode posturale) pourra vous suggérer une gymnastique corrective qui réduira la cyphose. Cette gymnastique pourrait même vous faire grandir de 1 à 3 cm en quelques mois...

4. Scoliose

En tenue légère ou nu, debout devant un miroir, vérifiez si vos épaules et vos hanches sont sensiblement à la même hauteur. Si ce n'est pas le cas, vous avez une scoliose. Lorsque les différences de hauteur sont minimes, la scoliose est légère et ne pose pas de problèmes particuliers. En revanche, si l'inégalité des épaules ou des hanches est frappante, un thérapeute spécialisé en soins du dos pourra vous suggérer des exercices asymétriques (destinés à étirer le côté court et à renforcer le côté long) pour atténuer la déviation latérale. En cas de scoliose importante, consultez un orthopédiste.

Debout et immobile

○ Ma posture est bonne.
○ J'ai probablement une lordose.
○ J'ai probablement une cyphose.
○ J'ai probablement une scoliose.

BILAN 9.2

Vos postures dans la vie de tous les jours

Le premier bilan visait à déterminer si vous présentez une déformation de la colonne vertébrale (cyphose, lordose ou scoliose) lorsque vous êtes debout et immobile. Ce second bilan vise plutôt à évaluer les postures que vous adoptez dans la vie de tous les jours. Comment vous asseyez-vous pendant vos cours ? Comment vous installez-vous pour étudier, pour regarder la télévision ou pour jouer à l'ordinateur ? Comment vous y prenez-vous pour soulever un objet lourd posé sur le sol ? Comment transportez-vous un tel objet ? Comment transportez-vous votre sac à dos ou votre serviette ? En faisant l'inventaire des comportements relatifs à vos postures, vous trouverez une réponse à ces questions et à bien d'autres.

Accordez-vous **cinq points** chaque fois que vous cochez la colonne *Toujours*, **trois points** pour la colonne *Parfois* et **aucun point** pour la colonne *Jamais*.

Situations	Toujours	Parfois	Jamais
1. Si j'ai mal dans le bas du dos, je pratique un ou plusieurs des exercices présentés aux pages 225 à 227 du manuel.			
2. Quand je soulève un objet lourd posé sur le sol, je plie d'abord les genoux.			
3. Quand j'utilise un sac à dos, je le porte dans le dos, une bretelle sur chaque épaule.			
4. Quand je conduis une auto, j'ajuste le siège et le volant afin d'être bien assis et d'avoir facilement accès aux pédales.			
5. Quand je dois me tenir debout et immobile pendant une longue période, pour soulager le bas de mon dos, je me tiens sur une jambe, puis sur l'autre, en alternance, ou bien je pose, en alternance aussi, les pieds sur un repose-pieds.			
6. Quand je transporte un objet, je le tiens près de mon corps et non pas éloigné de ce dernier.			
7. J'évite de porter des chaussures à talons très hauts, du moins pendant de longues périodes.			
8. Quand je pratique un sport ou une activité physique, j'essaie de bien me préparer sur le plan physique (chapitre 14).			
9. Si je fais de la musculation, je veille à protéger mon dos.			
10. Quand je travaille à l'ordinateur, je respecte, en général, la posture assise suggérée dans la figure 9.7 (p. 231 du manuel).			
11. Si j'ai mal au dos, je connais une bonne position pour bien dormir.			
12. Si je fais un travail rémunéré dangereux pour le dos, je prends les mesures nécessaires pour diminuer le niveau de risque.			
Total			

Ce que votre résultat signifie…

45 points et plus. Le risque de blessures au dos, sauf en cas d'accident, est minime. Vous prenez un soin jaloux de votre dos et vous vous en occupez au moindre signe.

Entre 30 et 44 points. Le risque de blessures au dos ou de douleurs dorsales est réel. Réviser certaines de vos postures pourrait profiter grandement à votre dos. Pensez, en particulier, aux postures que vous n'adoptez pratiquement jamais.

Moins de 30 points. Considérez-vous comme une personne à risque en ce qui a trait à la santé de votre dos. Posez-vous la question suivante : « Suis-je prêt à adopter de meilleures postures pour protéger mon dos ? » La réponse vous appartient.

à vos méninges 10

Remarque : Il peut y avoir plus d'une bonne réponse par question.

1. Associez chaque définition (liste de gauche) à la famille d'exercices correspondante (liste de droite).

Définitions	Familles d'exercices
____ 1. Exercice d'intensité modérée qui sollicite les grandes masses musculaires et le système à oxygène.	a) Exercice pliométrique.
	b) Exercice d'étirement.
	c) Exercice aérobique.
____ 2. Exercice d'intensité élevée à très élevée qui sollicite les grandes masses musculaires et le système ATP-CP ou le système à glycogène.	d) Exercice anaérobique.
	e) Exercice dynamique concentrique.
	f) Exercice dynamique excentrique.
____ 3. Lorsqu'on fait cet exercice, les fibres des muscles sollicités raccourcissent pendant l'effort.	g) Exercice isométrique.
____ 4. Lorsqu'on fait cet exercice, les fibres des muscles sollicités allongent pendant l'effort.	
____ 5. Lorsqu'on fait cet exercice, la contraction musculaire est statique, c'est-à-dire qu'elle n'entraîne aucun mouvement apparent.	
____ 6. Lorsqu'on fait cet exercice, il se produit un allongement graduel des muscles.	
____ 7. Lorsqu'on fait cet exercice, il se produit une détente qui déclenche une contraction excentrique suivie d'une contraction concentrique.	

2. Associez chacun des principes de l'entraînement (liste de gauche) à sa définition (liste de droite).

Principes de l'entraînement	Définitions
____ 1. Surcharge.	a) Il faut augmenter le volume d'exercice petit à petit.
____ 2. Spécificité.	b) On peut maintenir sa forme en faisant moins d'exercice.
____ 3. Progression.	c) La réponse du corps à l'activité physique varie selon les individus.
____ 4. Individualité.	d) Pour améliorer sa capacité d'adaptation à l'effort physique, il faut faire plus d'effort physique qu'à l'habitude.
____ 5. Maintien.	e) L'adaptation du corps à une activité physique est spécifique à cette activité.

3. Dans la liste ci-dessous, déterminez le ou les éléments qui constituent un principe de l'entraînement.

- ○ a) Endurance cardiovasculaire.
- ○ b) Effort pliométrique.
- ○ c) Surcharge.
- ○ d) Pourcentage de graisse.
- ○ e) Progression.

4. Dans la liste ci-dessous, déterminez les trois variables du principe de surcharge.

- ○ a) Fréquence.
- ○ b) Type d'exercice.
- ○ c) Durée.
- ○ d) Température ambiante.
- ○ e) Intensité.

5. Soit le programme suivant : 45 minutes d'exercices aérobiques d'intensité légère à modérée, 4 ou 5 fois par semaine. Quel déterminant de la condition physique ce programme permet-il d'améliorer ?

○ **a)** La force musculaire.

○ **b)** L'endurance musculaire.

○ **c)** La capacité anaérobique.

○ **d)** La posture.

○ **e)** Les réserves de graisse et leur distribution.

6. Pour profiter des bienfaits de l'exercice sur la santé, combien de calories faut-il dépenser au minimum par semaine ?

○ **a)** Au moins 500.

○ **b)** Au moins 1 000.

○ **c)** Au moins 1 500.

○ **d)** Au moins 2 000.

○ **e)** Au moins 2 500.

7. Chez une personne pesant 70 kg, trente minutes d'activité physique d'intensité modérée par jour équivalent à une dépense de combien de calories ?

○ **a)** Environ 500.

○ **b)** Environ 1 000.

○ **c)** Environ 1 500.

○ **d)** Environ 2 000.

○ **e)** Environ 2 500.

8. Pour obtenir une protection maximale contre les maladies de l'heure, il faut, chaque semaine :

○ **a)** dépenser 1 000 calories ou faire 210 minutes d'exercices modérés.

○ **b)** dépenser 2 000 calories ou faire 420 minutes d'exercices modérés.

○ **c)** dépenser au moins 2 000 calories ou faire au moins 420 minutes d'exercices modérés à vigoureux.

○ **d)** dépenser au moins 3 000 calories ou faire 450 minutes d'exercices vigoureux.

○ **e)** dépenser 4 000 calories ou faire 500 minutes d'exercices vigoureux.

BILAN 10.1

Le bilan de votre dépense énergétique hebdomadaire

Ce chapitre vous a montré comment tirer profit de la pratique régulière de l'activité physique et de ses retombées positives sur la santé : il faut dépenser au moins 1 000 calories par semaine, en plus de l'énergie associée à un mode de vie sédentaire. Toutefois, pour obtenir un effet plus marqué sur votre santé, il faut viser une dépense d'au moins 2 000 calories par semaine. Le but de ce bilan est de vous permettre d'estimer votre dépense énergétique au cours d'une semaine type, afin de la situer par rapport à l'objectif de 2 000 calories et plus. Les résultats seront donc révélateurs de votre niveau d'activité physique.

Marche à suivre

1. Pesez-vous, car vous aurez besoin de votre poids pour établir votre dépense énergétique.

2. Chaque jour, pendant une semaine, compilez dans la fiche descriptive qui suit les calories que vous brûlez. Pour connaître la dépense calorique découlant des activités physiques que vous faites, consultez l'annexe 1 du manuel ou utilisez le **calculateur énergétique sur le Compagnon Web**. Si vous utilisez l'annexe 1, notez la dépense calorique de l'activité indiquée dans la colonne de droite. Par exemple, si vous avez fait 50 minutes de badminton (niveau intermédiaire) lundi, vous avez dépensé 0,117 Cal/kg/min. Si vous pesez 70 kg, vous avez donc dépensé 8,2 Cal/min (70 × 0,117). Au bout de 50 minutes, vous avez brûlé environ 410 calories (8,2 × 50).

calculateur

3. À la fin de la semaine, faites le total des calories dépensées.

4. Remplissez la fiche descriptive de la dépense énergétique hebdomadaire :

   Colonne 1 : multipliez la valeur en Cal/kg/min de l'activité pratiquée par votre poids en kilos ;

   Colonne 2 : indiquez le résultat de la colonne 1 ;

   Colonne 3 : indiquez la durée (au moins 10 minutes) pendant laquelle vous avez pratiqué l'activité en question ;

   Colonne 4 : multipliez le résultat de la colonne 2 par celui de la colonne 3 pour obtenir votre dépense énergétique.

Voici un exemple de compilation de la dépense énergétique

Andréa, 62 kg, a joué lundi après-midi au soccer (partie officielle) pendant une heure. Dans la soirée, elle a fait 30 minutes d'un entraînement léger en musculation. Elle a calculé ainsi sa dépense calorique pour la journée de lundi.

Activités	(1) Cal/kg/min × poids (kg)	=	(2) Cal/min	×	(3) Durée/min	=	(4) Dépense calorique
LUNDI							
Matin :							
1. _____	_____		_____		_____		_____
2. _____	_____		_____		_____		_____
Après-midi :							
1. soccer	0,183 × 62		11,3		60		680
2. _____	_____		_____		_____		_____
Soir :							
1. musculation	0,05 × 62		3,1		30		93
2. _____	_____		_____		_____		_____
							773 (680 + 93)

© ÉDITIONS DU RENOUVEAU PÉDAGOGIQUE INC.

Bilan 10.1 (suite)

FICHE DESCRIPTIVE DE VOTRE DÉPENSE ÉNERGÉTIQUE PAR SEMAINE

Votre poids : _____ kg

Activités	(1) Cal/kg/min × poids (kg)	=	(2) Cal/min	×	(3) Durée/min	=	(4) Dépense calorique
LUNDI							
Matin :							
1. _____	_____		_____		_____		_____
2. _____	_____		_____		_____		_____
Après-midi :							
1. _____	_____		_____		_____		_____
2. _____	_____		_____		_____		_____
Soir :							
1. _____	_____		_____		_____		_____
2. _____	_____		_____		_____		_____
							_____
MARDI							
Matin :							
1. _____	_____		_____		_____		_____
2. _____	_____		_____		_____		_____
Après-midi :							
1. _____	_____		_____		_____		_____
2. _____	_____		_____		_____		_____
Soir :							
1. _____	_____		_____		_____		_____
2. _____	_____		_____		_____		_____
							_____

Activités	(1) Cal/kg/min × poids (kg)	=	(2) Cal/min	×	(3) Durée/min	=	(4) Dépense calorique
MERCREDI							
Matin :							
1. _____	_____		_____		_____		_____
2. _____	_____		_____		_____		_____
Après-midi :							
1. _____	_____		_____		_____		_____
2. _____	_____		_____		_____		_____
Soir :							
1. _____	_____		_____		_____		_____
2. _____	_____		_____		_____		_____
							_____
JEUDI							
Matin :							
1. _____	_____		_____		_____		_____
2. _____	_____		_____		_____		_____
Après-midi :							
1. _____	_____		_____		_____		_____
2. _____	_____		_____		_____		_____
Soir :							
1. _____	_____		_____		_____		_____
2. _____	_____		_____		_____		_____
							_____

Bilan 10.1 (suite)

Activités	(1) Cal/kg/min × poids (kg)	=	(2) Cal/min	×	(3) Durée/min	=	(4) Dépense calorique
VENDREDI							
Matin :							
1. _____	_____		_____		_____		_____
2. _____	_____		_____		_____		_____
Après-midi :							
1. _____	_____		_____		_____		_____
2. _____	_____		_____		_____		_____
Soir :							
1. _____	_____		_____		_____		_____
2. _____	_____		_____		_____		_____
							_____
SAMEDI							
Matin :							
1. _____	_____		_____		_____		_____
2. _____	_____		_____		_____		_____
Après-midi :							
1. _____	_____		_____		_____		_____
2. _____	_____		_____		_____		_____
Soir :							
1. _____	_____		_____		_____		_____
2. _____	_____		_____		_____		_____
							_____

Activités	(1) Cal/kg/min × poids (kg)	=	(2) Cal/min	×	(3) Durée/min	=	(4) Dépense calorique
DIMANCHE							
Matin :							
1. _____	_____		_____		_____		_____
2. _____	_____		_____		_____		_____
Après-midi :							
1. _____	_____		_____		_____		_____
2. _____	_____		_____		_____		_____
Soir :							
1. _____	_____		_____		_____		_____
2. _____	_____		_____		_____		_____
							_____

Dépense énergétique de la semaine
(somme des résultats de la colonne 4) :

Avez-vous atteint une dépense hebdomadaire de 2 000 calories et plus ?

○ Oui

○ Non

Expliquez votre réponse.

_____

_____

_____

Si vous n'avez pas atteint la cible de 2 000 calories, que comptez-vous faire pour accroître votre dépense énergétique ?

_____

_____

_____

à vos méninges **11**

Remarque : Il peut y avoir plus d'une bonne réponse par question.

1. Parmi les activités physiques suivantes, laquelle ou lesquelles correspondent au principe de la spécificité quand on vise à améliorer son endurance cardiovasculaire ?

- ◯ **a)** La musculation.
- ◯ **b)** Le ski alpin.
- ◯ **c)** Les exercices exécutés à l'aide d'un gros ballon.
- ◯ **d)** Les exercices aérobiques.
- ◯ **e)** Les exercices anaérobiques.

2. Pour améliorer son endurance cardiovasculaire, quelle doit être l'intensité minimale de l'activité pratiquée ?

- ◯ **a)** Très faible.
- ◯ **b)** Faible.
- ◯ **c)** Modérée.
- ◯ **d)** Élevée.
- ◯ **e)** Très élevée.

3. Pour diminuer ses réserves de graisse, combien de fois par semaine devrait-on faire de l'exercice dans l'idéal ?

- ◯ **a)** Deux fois.
- ◯ **b)** Trois fois.
- ◯ **c)** Quatre fois.
- ◯ **d)** Cinq fois.
- ◯ **e)** Tous les jours.

4. Que faut-il faire pour maintenir le niveau d'endurance cardiovasculaire acquis ?

- ◯ **a)** Diminuer l'intensité de l'effort, mais pas la fréquence ni la durée des séances.
- ◯ **b)** Diminuer l'intensité et la fréquence de l'effort, mais pas la durée des séances.
- ◯ **c)** Diminuer l'intensité et la durée de l'effort, mais pas la fréquence des séances.
- ◯ **d)** Diminuer la fréquence et la durée des séances, mais pas l'intensité de l'effort.
- ◯ **e)** Toutes les réponses précédentes.

5. Pour améliorer son endurance cardiovasculaire, quelle est l'intensité de l'effort adéquate (en pourcentage de la consommation maximale d'oxygène) ?

- ◯ **a)** De 30 à 65 %.
- ◯ **b)** De 40 à 75 %.
- ◯ **c)** De 55 à 85 %.
- ◯ **d)** De 60 à 95 %.
- ◯ **e)** Aucune des réponses précédentes.

6. Parmi les méthodes suivantes, laquelle ou lesquelles peut-on utiliser pour déterminer une zone d'effort aérobique qui soit à la fois efficace et sans danger ?

- ◯ **a)** Élever la fréquence de ses pulsations jusqu'à sa plage de fréquence cardiaque cible (FCC).
- ◯ **b)** Élever la fréquence de ses pulsations jusqu'à ce qu'elle atteigne 35 battements de plus que sa fréquence cardiaque au repos.
- ◯ **c)** Prendre son pouls avant et après l'effort.
- ◯ **d)** Prendre son pouls pendant l'effort.
- ◯ **e)** Toutes les méthodes précédentes.

7. Quelle source d'énergie utilise-t-on à mesure qu'on augmente l'intensité de l'exercice aérobique ?

- ◯ **a)** Les graisses.
- ◯ **b)** Les glucides.
- ◯ **c)** Les protéines.
- ◯ **d)** Les graisses et les sucres.
- ◯ **e)** Les protéines et les lipides.

8. **Complétez les phrases suivantes.**

a) L'objectif choisi doit vous garantir un
_____ concret dans un délai
_____ .

b) L'exercice _____ et l'exercice prolongé
font plus appel aux _____ qu'aux
glucides comme carburant.

c) La dépense énergétique de l'exercice est
_____ .

d) Les éléments clés à inclure dans votre préparation
physique et mentale à l'exercice sont les suivants :

- s'échauffer avant de _____ le moteur ;

- terminer sa séance par un _____ au
_____ ;

- porter des _____ de sport et des
vêtements adéquats ;

- avoir une connaissance de base de la
_____ et du traitement des blessures
et des malaises liés à la pratique de l'activité
physique ;

- savoir _____ manger, et quand, au
fur et à mesure qu'on devient physiquement plus
actif ;

- savoir comment éviter la _____ ;

- savoir adapter sa pratique de l'activité physique à
son _____ de _____ ;

- connaître et appliquer les conseils de base pour
garder sa _____ .

Les bilans 11.2 et 11.3 vous aideront à concevoir un programme personnel d'endurance cardiovasculaire ou de réduction de vos réserves de graisse. Vous aurez donc à déterminer l'intensité de la surcharge que vous appliquerez. Dans ce cas-ci, on parle de zone d'entraînement aérobique. On l'a vu, il y a trois façons de déterminer cette zone : la méthode FCC (fréquence cardiaque cible), la méthode METS et la méthode EPE (échelle de perception de l'effort). Le bilan 11.1 vous permet de déterminer cette zone selon l'une ou l'autre de ces méthodes. Les données recueillies vous serviront ensuite dans les bilans 11.2 et 11.3. À votre calculette !

BILAN 11.1

Votre zone d'entraînement aérobique

1. Précisez votre niveau d'endurance cardiovasculaire actuel.

Résultat brut (selon le test que vous avez passé) : _____

Cote : _____

Votre capacité aérobique maximale (si vous la connaissez) :

en mL/kg/min : _____

en METS (à diviser par 3,5) : _____

2. Déterminez votre zone d'entraînement aérobie selon l'une ou l'autre des trois méthodes suivantes.

MÉTHODE DE LA FCC

a) Déterminez votre fréquence cardiaque maximale (FCM).

220 - _____ (votre âge) = _____ batt./min

b) Déterminez votre fourchette de pourcentage en fonction de votre niveau
d'endurance cardiovasculaire.

65 à 75 % (pas en forme)* _____

75 à 85 % (moyennement en forme) _____

85 à 90 % (en forme) _____

c) Calculez votre FCC minimale et votre FCC maximale en fonction de votre fourchette
de pourcentage (ou utilisez le calculateur).

_____ (FCM) × _____ % = _____ FCC minimale

_____ (FCM) × _____ % = _____ FCC maximale

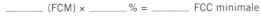
FCC

d) Calculez votre FCC corrigée (si nécessaire) en utilisant le facteur de correction de l'ACSM
ou la méthode de Karvonen (ou utilisez le calculateur) :

FCC selon le facteur de correction de l'ASCM :

_____ (FCC minimale) × 1,15 = _____ batt./min

_____ (FCC maximale) × 1,15 = _____ batt./min

FCC selon la méthode de Karvonen (voir l'annexe 2 ou le calculateur) :

FCC minimale Karvonen _____ batt./min

FCC maximale Karvonen _____ batt./min

Karvonen

* Si vous êtes en bonne santé et que vous êtes âgé de moins de 25 ans, utilisez la plage de 75 à 85 %.

MÉTHODE METS

a) Déterminez votre capacité aérobie maximale en METS.

_____ (VO$_2$ max. en mL/kg/min)/3,5 = _____ METS

b) Déterminez votre fourchette de pourcentage en fonction de votre niveau d'endurance cardiovasculaire.

55 à 65 % de votre VO$_2$ max. (pas en forme)* _____

65 à 75 % de votre VO$_2$ max. (moyennement en forme) _____

75 à 85 % de votre VO$_2$ max. (en forme) _____

c) Déterminez votre zone d'entraînement aérobique en METS en fonction de votre fourchette de pourcentage (ou utilisez le calculateur).

_____ (capacité aérobique maximale en METS) × _____ % = _____ METS (valeur minimale)

_____ (capacité aérobique maximale en METS) × _____ % = _____ METS (valeur maximale)

MET

d) À l'aide du tableau 11.3 ou de l'annexe 1, déterminez une ou plusieurs activités de nature aérobique qui correspondent à votre zone d'entraînement aérobique calculée en METS.

_____

_____

_____

MÉTHODE EPE

Servez-vous de l'échelle de perception de l'effort (tableau 11.4) pour déterminer votre zone d'entraînement aérobique.

Cote minimale (entre 6 et 20) _____

Cote maximale (entre 6 et 20) _____

* Si vous êtes en bonne santé et que vous êtes âgé de moins de 25 ans, utilisez la plage de 75 à 85 %.

BILAN 11.2

Votre programme personnel d'endurance cardiovasculaire

En fonction des besoins déterminés grâce à l'évaluation de votre endurance cardiovasculaire, remplissez, s'il y a lieu, le tableau qui suit. Avez-vous besoin d'améliorer ou de maintenir votre niveau d'endurance cardiovasculaire ?

○ Améliorer   ○ Maintenir

Mon objectif : _____

Conception de mon programme	Conditions de réalisation de l'activité choisie
J'applique les principes suivants de l'entraînement.	
La spécificité : _____	Date du début : _____
La surcharge : _____	Date de la fin : _____
a) Intensité (FCC ou METS ou EPE)* : _____	Où : _____
b) Durée : _____	Quand : _____
c) Fréquence : _____	Avec qui : _____
La progression : voir le bilan 11.4	
Le maintien : _____	

Pour entrer vos données au jour le jour pendant toute la durée du programme, établir votre progression dans l'effort pendant au moins six semaines et évaluer votre constance dans la réalisation de votre programme, reportez-vous aux fiches 1 et 2.

* Si vous nagez, retranchez 10 % à la FCC calculée.

BILAN 11.3

Votre programme personnel de réduction de vos réserves de graisse

En fonction des besoins déterminés grâce à l'évaluation de vos réserves de graisse et de leur distribution, remplissez, s'il y a lieu, le tableau qui suit.

Résultats de l'évaluation de mes réserves de graisse et de leur distribution :

Plis cutanés : _____ %   Tour de taille : _____ cm

IMC : _____   RTH : _____

Avez-vous besoin de réduire vos réserves de graisse ou de les maintenir à leur niveau actuel ?

○ Réduire   ○ Maintenir

Mon objectif : _____

Conception de mon programme	Conditions de réalisation de l'activité choisie

J'applique les principes suivants de l'entraînement.
 	
La spécificité : _____
 	
La surcharge : _____
 	
  a) Intensité : _____
 	
  b) Durée : _____
 	
  c) Fréquence : _____
 	
La progression : voir le bilan 11.4
 	
Le maintien : _____
	Date du début : _____
	
	Date de la fin : _____
	
	Où : _____
	
	Quand : _____
	
	Avec qui : _____

Pour entrer vos données au jour le jour pendant toute la durée du programme, établir votre progression dans l'effort pendant au moins six semaines et évaluer votre constance dans la réalisation de votre programme, reportez-vous aux fiches 1 et 2.

FICHE 1

Votre progression dans l'effort

Décrivez la progression dans l'effort que vous entendez suivre dans le cadre de votre programme personnel de mise en forme. Pour ce faire, remplissez les cases du tableau ci-dessous avec vos propres données.

Semaine	Durée de l'effort par séance (min)	Intensité de l'effort (FCC ou EPE)	Nombre de séances par semaine
1			
2			
3			
4			
5			
6			

Réflexion personnelle

La progression que vous avez établie vous a-t-elle permis de passer en douceur à un niveau d'activité physique plus élevé ? Précisez votre réponse.

_____

_____

_____

_____

_____

_____

_____

_____

_____

_____

_____

_____

FICHE 2

L'évaluation de votre constance

Au fur et à mesure du déroulement de votre programme, cochez la case appropriée chaque fois que vous effectuez une séance d'activité physique qui correspond à ce que vous avez planifié dans le bilan 11.1 ou le bilan 11.2.

Semaine 1							Commentaires
L	M	M	J	V	S	D	

Semaine 2							Commentaires
L	M	M	J	V	S	D	

Semaine 3							Commentaires
L	M	M	J	V	S	D	

▶

Semaine 4							Commentaires
L	M	M	J	V	S	D	

Semaine 5							Commentaires
L	M	M	J	V	S	D	

Semaine 6							Commentaires
L	M	M	J	V	S	D	

Réflexion personnelle

Que concluez-vous à propos de votre persévérance dans l'effort ?

_____

_____

_____

_____

_____

_____

_____

_____

_____

Réflexion personnelle
sur votre programme personnel d'activité physique (PPAP)

Avez-vous atteint votre(vos) objectif(s) ?

○ Oui ○ Non

Si oui, quels changements sur le plan physique et mental avez-vous observé entre le début et la fin de votre PPAP ?

Sur le plan physique :

_____
_____
_____
_____
_____
_____
_____

Sur le plan mental :

_____
_____
_____
_____
_____
_____
_____

Si vous n'avez pas atteint votre(vos) objectif(s), peut-être avez-vous rencontré des problèmes particuliers, à moins que vous n'ayez perdu votre motivation en cours de route. Précisez votre réponse.

_____
_____
_____
_____
_____
_____
_____

méninge à vos méninges 12

Remarque : Il peut y avoir plus d'une bonne réponse par question.

1. Nommez trois façons d'étirer un muscle.

- _____
- _____
- _____

2. Nommez trois méthodes d'entraînement qui développent la vigueur musculaire.

- _____
- _____
- _____

3. Quel est le principal inconvénient des étirements balistiques ?

- ○ **a)** Ils n'imitent pas suffisamment le geste pratiqué.
- ○ **b)** Ils augmentent le risque de blessure chez les personnes sédentaires.
- ○ **c)** Leur pratique exige beaucoup de temps.
- ○ **d)** Ils sont trop spécifiques au geste pratiqué.
- ○ **e)** Aucune des réponses précédentes.

4. Quelle est la durée idéale d'un étirement statique ?

- ○ **a)** Moins de 5 secondes.
- ○ **b)** Entre 5 et 10 secondes.
- ○ **c)** Entre 10 et 20 secondes.
- ○ **d)** Entre 20 et 25 secondes.
- ○ **e)** 25 à plus de 30 secondes.

5. Comment peut-on renforcer un muscle ?

- ○ **a)** À l'aide d'un programme d'exercices d'étirement.
- ○ **b)** À l'aide d'un programme d'exercices aérobiques.
- ○ **c)** À l'aide d'un programme d'exercices isométriques.
- ○ **d)** À l'aide d'un programme d'exercices avec poids libres.
- ○ **e)** À l'aide d'un programme d'exercices FNP.

6. Quelle(s) forme(s) de résistance peut-on opposer à un muscle pour le rendre plus vigoureux ?

- ○ **a)** Une partie du corps.
- ○ **b)** Le corps lui-même.
- ○ **c)** L'apesanteur.
- ○ **d)** Une bande élastique.
- ○ **e)** Un poids libre.

7. Parmi les énoncés suivants, lequel est vrai ?

- ○ **a)** L'exercice isotonique ne déplace pas la résistance.
- ○ **b)** L'exercice isométrique n'améliore pas la force du muscle.
- ○ **c)** L'exercice isotonique est exécuté à une vitesse constante.
- ○ **d)** L'exercice isométrique déplace la résistance.
- ○ **e)** L'exercice isocinétique est exécuté à une vitesse constante.

8. Quelle est la méthode de développement musculaire la plus répandue dans les cégeps ?

- ○ **a)** La méthode à base d'exercices isométriques.
- ○ **b)** La méthode à base d'exercices pliométriques.
- ○ **c)** La méthode à base d'étirements FNP.
- ○ **d)** La méthode par électrostimulation du muscle.
- ○ **e)** La méthode à base d'exercices isotoniques ou dynamiques.

9. Qu'est-ce que le 1 RM ?

- ○ **a)** Un poids qu'on déplace au moins une fois.
- ○ **b)** Un poids qu'on déplace alors que le muscle est en contraction excentrique.
- ○ **c)** Un poids tellement lourd qu'on ne peut pas le déplacer.
- ○ **d)** Le poids le plus lourd qu'on peut déplacer une fois.
- ○ **e)** Aucune des réponses précédentes.

10. Idéalement, combien de RM doit-on faire par série pour développer l'endurance musculaire à l'aide de poids libres ?

- ○ **a)** De 1 à 6.
- ○ **b)** De 7 à 12.
- ○ **c)** De 13 à plus de 25.
- ○ **d)** De 10 à 15.
- ○ **e)** De 13 à 20.

11. **Idéalement, combien de RM un débutant en musculation doit-il faire par série pour développer sa force musculaire ?**

○ **a)** De 1 à 6.

○ **b)** De 7 à 12.

○ **c)** De 13 à 20.

○ **d)** De 21 à 29.

○ **e)** Plus de 29.

12. **En musculation, comment est-il souhaitable de faire le mouvement aller-retour ?**

○ **a)** Le plus rapidement possible.

○ **b)** Rapidement.

○ **c)** Lentement à l'aller, rapidement au retour.

○ **d)** Lentement.

○ **e)** La vitesse d'exécution n'a pas d'importance.

13. **Par quels exercices devrait-on commencer une séance de musculation ?**

○ **a)** Les exercices qui sollicitent les petits muscles.

○ **b)** Les exercices qui sollicitent les grands muscles.

○ **c)** Les exercices qui sollicitent une seule articulation.

○ **d)** Les exercices qui sollicitent plus d'une articulation.

○ **e)** Aucune des réponses précédentes.

14. **Dans quelle proportion est-il possible d'augmenter sa force musculaire en quelques semaines ?**

○ **a)** 10 %.

○ **b)** 40 %.

○ **c)** 70 %.

○ **d)** 90 %.

○ **e)** 120 %.

15. **Nommez les trois façons de créer une résistance au mouvement.**

    1. _____

    2. _____

    3. _____

BILAN 12.1

Votre programme personnel de force musculaire

Remplissez d'abord le tableau ci-dessous en fonction des besoins déterminés lors de l'évaluation de votre force musculaire (p. 216 du manuel). Ensuite, déterminez les exercices choisis pour atteindre votre objectif ou vos objectifs (fiche 1), puis établissez votre progression (fiche 2) et votre constance dans l'effort (fiche 4). Ces fiches se trouvent dans les pages suivantes.

Résultats de l'évaluation de ma force musculaire :

Force de préhension : _____   Cote : _____

Force des bras : _____   Cote : _____

Force des jambes : _____   Cote : _____

Autre test de force musculaire (précisez-lequel) : _____   Cote : _____

Avez-vous besoin d'améliorer ou de maintenir votre niveau force musculaire ?

Améliorer _____   Maintenir _____

Mon objectif ou mes objectifs : 1. _____

2. _____

Conception de mon programme

J'applique les principes suivants de l'entraînement.

La spécificité :   Exercices dynamiques à l'aide de charges : _____ Exercices isométriques : _____

Exercices retenus : voir la fiche appropriée.

La surcharge :

a) *L'intensité :* RM : _____ Série(s) : _____

b) *La durée du repos entre les séries :* _____ secondes ou _____ minute(s)

c) *La durée totale approximative d'une séance :* _____ minutes.

d) *La fréquence :* _____ fois par semaine.

La progression : voir la fiche 2.

Le maintien : _____

Conditions de réalisation

Date du début : _____   Date de la fin : _____

Où : _____   Quand : _____

Avec qui : _____

© ÉDITIONS DU RENOUVEAU PÉDAGOGIQUE INC.

BILAN 12.2

Votre programme personnel d'endurance musculaire

Remplissez le tableau ci-dessous en fonction des besoins déterminés lors de l'évaluation de votre endurance musculaire (p. 217 du manuel). Ensuite, déterminez les exercices choisis pour atteindre votre objectif ou vos objectifs (fiche 1), puis établissez votre progression (fiche 3) et votre constance dans l'effort (fiche 4). Ces fiches se trouvent dans les pages suivantes.

Résultats de l'évaluation de mon endurance musculaire :

Endurance des abdominaux : _____   Cote : _____

Endurance du haut du corps : _____   Cote : _____

Autre test d'endurance musculaire (précisez lequel) : _____   Cote : _____

Avez-vous besoin d'améliorer ou maintenir votre niveau d'endurance musculaire ?

Améliorer _____   Maintenir _____

Mon objectif ou mes objectifs : 1. _____

2. _____

Conception de mon programme

J'applique les principes suivants de l'entraînement.

La spécificité :   Exercices dynamiques à l'aide de charges : _____

Exercices dynamiques à mains libres : _____

Exercices retenus : voir la fiche appropriée.

La surcharge :

a) L'intensité : RM : _____ Série(s) : _____

Ou durée choisie pour exécuter le plus grand nombre de répétitions pour chaque exercice :

exercice 1 : _____ secondes ; exercice 2 : _____ secondes ; exercice 3 : _____ secondes.

b) La durée totale approximative d'une séance : _____ minutes.

c) La fréquence : _____ fois par semaine.

La progression : voir la fiche 3.

Le maintien : _____

Conditions de réalisation

Date du début : _____   Date de la fin : _____

Où : _____   Quand : _____

Avec qui : _____

BILAN 12.3

Votre programme personnel de flexibilité

Remplissez le tableau ci-dessous en fonction des besoins déterminés lors de l'évaluation de votre flexibilité (p. 217 du manuel). Ensuite, déterminez les exercices choisis pour atteindre votre objectif ou vos objectifs (fiche 1), puis établissez votre progression (fiche 3) et votre constance dans l'effort (fiche 4). Ces fiches se trouvent dans les pages suivantes.

Résultats de l'évaluation de ma flexibilité :

Flexibilité des épaules (test 1) : _____ Cote : _____

Flexibilité des épaules (test 2) : _____ Cote : _____

Flexibilité du bas du dos et des ischio-jambiers : _____ Cote : _____

Autre test de flexibilité (précisez lequel) : _____ Cote : _____

Avez-vous besoin d'améliorer ou de maintenir votre niveau de flexibilité

Améliorer _____ Maintenir _____

Mon objectif ou mes objectifs :   1. _____

2. _____

Conception de mon programme

J'applique les principes suivants de l'entraînement.

La spécificité : Exercices d'étirements statiques : _____ Autre type d'exercice : _____

Exercices retenus : voir la fiche appropriée.

La surcharge :

a) *L'intensité :* Maintien du seuil d'étirement : _____ secondes

Nombre de répétitions pour chaque exercice : _____

b) *La durée totale approximative d'une séance :* _____ minutes.

c) *La fréquence :* _____ fois par semaine.

La progression : voir la fiche 3.

Le maintien : _____

Conditions de réalisation

Date du début : _____ Date de la fin : _____

Où : _____ Quand : _____

Avec qui : _____

FICHE 1

Les exercices choisis

À l'aide de ce tableau, indiquez les exercices que vous choisissez pour atteindre votre ou vos objectifs.

Exercices retenus*	Muscles sollicités**	Type d'exercices (cochez)				
		Exercices à l'aide de poids	Exercices à l'aide de bandes élastiques ou d'un gros ballon	Exercices isométriques	Exercices d'étirements statiques	Autre type d'exercices
1.						
2.						
3.						
4.						
5.						
6.						
7.						
8.						
9.						
10.						
11.						
12.						
13.						
14.						
15.						
16.						
17.						
18.						
19.						
20.						

*   Si vous choisissez vos exercices dans le répertoire du chapitre 12 (p. 307-336 du manuel), vous pouvez simplement utiliser leur numérotation.

** Utilisez la numérotation des muscles donnée dans les planches anatomiques (p. 304-305 du manuel). Là encore, si vous choisissez vos exercices dans le répertoire du chapitre 12 du manuel, vous pouvez vous simplifier la tâche en reprenant la numérotation des muscles donnée au début de chaque description d'exercice.

FICHE 2

Votre progression dans l'effort pour les exercices avec levée de poids

Exercices (n°)		Date											Contrôle/ remarques
		1	2	3	4	5	6	7	8	9	10	11	
	Poids												
	RM/S*												
	Poids												
	RM/S*												
	Poids												
	RM/S*												
	Poids												
	RM/S*												
	Poids												
	RM/S*												
	Poids												
	RM/S*												
	Poids												
	RM/S*												
	Poids												
	RM/S*												
	Poids												
	RM/S*												
	Poids												
	RM/S*												
	Poids												
	RM/S*												
	Poids												
	RM/S*												

* RM = répétitions maximales ; S = série.

Exercices (n°)		Date											Contrôle/ remarques
		12	13	14	15	16	17	18	19	20	21	22	
	Poids												
	RM/S*												
	Poids												
	RM/S*												
	Poids												
	RM/S*												
	Poids												
	RM/S*												
	Poids												
	RM/S*												
	Poids												
	RM/S*												
	Poids												
	RM/S*												
	Poids												
	RM/S*												
	Poids												
	RM/S*												
	Poids												
	RM/S*												
	Poids												
	RM/S*												
	Poids												
	RM/S*												

* RM = répétitions maximales ; S = série.

FICHE 3

Votre progression dans l'effort pour les exercices à mains libres et les exercices d'étirement

Exercices (nº)		Date											Contrôle/ remarques
		1	2	3	4	5	6	7	8	9	10	11	
	Durée*												
	Rép.**												
	Durée*												
	Rép.**												
	Durée*												
	Rép.**												
	Durée*												
	Rép.**												
	Durée*												
	Rép.**												
	Durée*												
	Rép.**												
	Durée*												
	Rép.**												
	Durée*												
	Rép.**												
	Durée*												
	Rép.**												
	Durée*												
	Rép.**												

*   Durée (en secondes) de l'exercice.

** Nombre de répétitions de l'exercice.

Exercices (nº)		Date											Contrôle/ remarques
		12	13	14	15	16	17	18	19	20	21	22	
	Durée*												
	Rép.**												
	Durée*												
	Rép.**												
	Durée*												
	Rép.**												
	Durée*												
	Rép.**												
	Durée*												
	Rép.**												
	Durée*												
	Rép.**												
	Durée*												
	Rép.**												
	Durée*												
	Rép.**												
	Durée*												
	Rép.**												

*   Durée (en secondes) de l'exercice.
** Nombre de répétitions de l'exercice.

FICHE 4

L'évaluation de votre constance

Au fur et à mesure du déroulement de votre programme, cochez la case appropriée chaque fois que vous effectuez une séance d'activité physique qui correspond à ce que vous avez planifié dans les bilans 12.1, 12.2 et 12.3.

Semaine 1							Commentaires
L	M	M	J	V	S	D	

Semaine 2							Commentaires
L	M	M	J	V	S	D	

Semaine 3							Commentaires
L	M	M	J	V	S	D	

Semaine 4							Commentaires
L	M	M	J	V	S	D	

Semaine 5							Commentaires
L	M	M	J	V	S	D	

Semaine 6							Commentaires
L	M	M	J	V	S	D	

Réflexion personnelle

Que concluez-vous à propos de votre persévérance dans l'effort ?

_____

_____

_____

_____

_____

_____

_____

_____

_____

Réflexion personnelle
sur votre programme personnel d'activité physique (PPAP)

Avez-vous atteint votre(vos) objectif(s)?

○ Oui   ○ Non

Si oui, quels changements sur le plan physique et mental avez-vous observé entre le début et la fin de votre PPAP?

Sur le plan physique:

_____

_____

_____

_____

_____

_____

_____

Sur le plan mental:

_____

_____

_____

_____

_____

_____

_____

Si vous n'avez pas atteint votre(vos) objectif(s), peut-être avez-vous rencontré des problèmes particuliers, à moins que vous n'ayez perdu votre motivation en cours de route. Précisez votre réponse.

_____

_____

_____

_____

_____

à vos méninges **13**

Remarque : Il peut y avoir plus d'une bonne réponse par question.

1. **Parmi les critères suivants, lesquels concernent le choix d'une activité physique ?**

○ **a)** Vos besoins.
○ **b)** Vos capacités.
○ **c)** Votre condition physique.
○ **d)** Votre hérédité.
○ **e)** Vos réserves d'ATP.

2. **Parmi les raisons suivantes, lesquelles peuvent vous pousser à pratiquer une activité physique de type aérobique ?**

○ **a)** Vous voulez améliorer votre endurance cardio-vasculaire.
○ **b)** Vous n'avez aucune restriction médicale.
○ **c)** Vous cherchez des sensations fortes.
○ **d)** Vous voulez améliorer votre flexibilité.
○ **e)** Aucune des réponses précédentes.

3. **Parmi les critères suivants, lesquels peuvent vous aider à choisir le bon centre de santé ?**

○ **a)** Un personnel compétent.
○ **b)** La distance par rapport à votre lieu de départ.
○ **c)** L'année de construction du centre.
○ **d)** La présence de bains à remous.
○ **e)** Aucune des réponses précédentes.

4. **Quels éléments devraient figurer sur le boîtier d'un DVD d'exercice ?**

○ **a)** Le niveau du programme : débutant, intermédiaire ou avancé.
○ **b)** Une mise en garde concernant l'aptitude à faire certains exercices.
○ **c)** Les objectifs du programme.
○ **d)** Les éléments du programme et leur durée.
○ **e)** Tous les éléments précédents.

5. **Si vous ne disposez que de 20 minutes, laquelle ou lesquelles des activités suivantes pouvez-vous pratiquer ?**

○ **a)** Le golf.
○ **b)** Le saut à la corde.
○ **c)** Le jogging.
○ **d)** Le ski de fond.
○ **e)** Le canotage.

6. **Complétez les phrases suivantes.**

a) En choisissant un centre d'activité physique situé à moins de _____ minutes de votre point de départ, vous augmentez vos chances de _____.

b) Dans le choix d'un centre d'activité physique, il faut se demander s'il y a un _____ sur place pour donner des conseils sur l'utilisation des divers appareils de mise en forme.

c) Dans un centre d'activité physique, une forte odeur de _____ indique une mauvaise ventilation.

BILAN 13.1
Votre choix d'activités physiques

Imagine-t-on qu'un individu désireux d'améliorer son alimentation se mette à manger des aliments santé dont il n'aimerait pas le goût ? L'activité physique ne doit pas, elle non plus, être seulement bénéfique pour la santé : elle doit aussi être une source de motivation et de plaisir. *On doit avoir envie de pratiquer l'activité physique choisie une autre fois, puis une autre fois, et encore, jusqu'à ce qu'elle devienne une habitude de vie.*

Avant de choisir une activité qui vous convienne et vous motive, établissez à l'aide du tableau A votre degré de motivation à pratiquer l'activité physique en général. Puis, déterminez vos capacités, vos goûts, vos besoins, ainsi que le temps que vous pouvez consacrer à l'activité physique. Les tableaux B, C, D et E vous aideront à faire ce bilan. En parcourant les tableaux C et D, notez les activités associées à chacune des affirmations que vous aurez cochées. Le recoupement de vos choix devrait vous permettre de repérer une ou plusieurs activités qui vous conviennent particulièrement. Afin de parfaire vos choix, consultez à nouveau le tableau 13.1 (p. 348 du manuel), qui résume les caractéristiques des activités les plus populaires au Québec.

A. Votre degré de motivation

Cochez la colonne appropriée. Accordez-vous deux points chaque fois que vous cochez *Vrai*, un point pour *Partiellement vrai* et aucun point pour *Faux*.

Facteurs de motivation	Vrai	Partielle-ment vrai	Faux
1. L'exercice m'aide à me sentir mieux dans ma peau.			
2. L'exercice m'aide à contrôler mon poids.			
3. Pratiquer une activité physique me procure du plaisir.			
4. L'exercice améliore ma confiance en moi.			
5. Je suis motivé à faire de l'exercice sans avoir besoin d'être encouragé ou récompensé.			
6. Je suis habile dans les sports en général et j'apprends facilement.			
7. Je me sens plein d'énergie quand je suis physiquement actif.			
8. J'ai accès à l'équipement nécessaire pour faire de l'exercice chez moi ou près de chez moi.			
9. Je suis capable de me fixer des objectifs de mise en forme et de suivre mes progrès.			
10. J'ai des amis qui apprécient les mêmes activités physiques que moi.			
11. Mes proches m'encouragent à faire de l'exercice.			
12. L'exercice me détend.			
13. J'ai la ferme intention de demeurer le plus longtemps possible physiquement actif.			
14. J'ai la détermination et la patience nécessaires pour maîtriser un exercice complexe.			
15. Si je passe plusieurs jours sans faire d'exercice, je ressens une envie grandissante de me dépenser physiquement.			
Faites le total des points obtenus. _____			

Ce que votre résultat signifie...

Entre 25 et 30 points. Votre degré de motivation à pratiquer une activité physique est très élevé. Vous êtes, sans l'ombre d'un doute, une personne physiquement très active.

Entre 19 et 24 points. Votre degré de motivation est élevé, même si vous n'êtes pas toujours physiquement actif. À long terme, il est probable qu'on vous verra plus dans des chaussures de sport que dans des pantoufles.

Entre 14 et 18 points. Votre degré de motivation est moyen. Vous chausserez peut-être plus volontiers des pantoufles.

Entre 9 et 13 points. Votre degré de motivation est faible, et vous menez probablement une vie sédentaire. Vous manquez de conviction pour passer dans le clan des personnes physiquement actives.

Moins de 8 points. Votre degré de motivation est très faible. Lisez et relisez le chapitre 2 !

B. Vos capacités

Je suis...	Quelques suggestions	
○ 1. en bonne santé, mais pas en forme.	Choisissez votre activité en fonction de vos goûts, de vos besoins, de votre budget et de votre disponibilité, mais *commencez doucement*. Attention : si l'activité choisie est d'intensité élevée, *mettez-vous d'abord en forme* avant de la pratiquer.	
○ 2. en bonne santé et en forme.	Tant mieux pour vous ! Choisissez votre activité selon vos goûts, vos besoins, votre budget et votre disponibilité.	
○ 3. handicapé par une blessure ou une maladie (asthme, arthrite, diabète, maladie cardiovasculaire, etc.).	Consultez votre médecin, votre physiothérapeute, votre éducateur physique ou le **Compagnon Web** avant de vous lancer dans la pratique d'une nouvelle activité physique, surtout si elle est d'une intensité moyenne à élevée.	contre-indications

C. Vos goûts

Je préfère...	Quelques suggestions
○ 4. les activités qui se pratiquent individuellement.	Marche, jogging, ski de fond, ski alpin, surf des neiges, raquette, vélo, golf, musculation, patin à roues alignées, patin sur glace, méthodes de relaxation, etc.
○ 5. les activités qui favorisent les contacts sociaux.	Sports d'équipe (volleyball, basketball, soccer, hockey, ringuette, handball, balle molle, etc.), événements grand public (marathon, triathlon, etc.) ou de groupe (randonnée cycliste, cardio-vélo, danse aérobique, aéroboxe, arts martiaux, etc.).
○ 6. les activités à forte dépense énergétique (plus de 600 Cal/h).	Squash, racquetball, badminton, tennis, vélo-cross, ski de fond en montagne, danse, jogging rapide, soccer, hockey, ringuette, etc.
○ 7. les sports de combat.	Arts martiaux, escrime, boxe, lutte gréco-romaine, etc.
○ 8. les gymnastiques douces.	Méthodes de relaxation, taï chi, yoga, méthode Alexander, méthode Feldenkrais, Pilates, gymnastique sur table, etc.
○ 9. les activités où il y a de la compétition.	Tous les sports dans lesquels on affronte un ou plusieurs adversaires, en équipe ou en solo.
○ 10. les activités où je peux exprimer ma créativité à l'aide de mon corps.	Danse classique, danse moderne, ballet jazz, danse aérobique, patinage artistique, etc.
○ 11. les activités procurant des sensations fortes.	Deltaplane, descente de rapides en canot, escalade de glace, parachutisme, ski à voile sur un lac, planche à voile en mer, etc.
○ 12. l'activité physique non structurée.	Toute activité physique qu'on fait à la maison, au travail ou dans ses loisirs.
○ 13. les activités qui se pratiquent dans la nature.	Escalade, randonnée pédestre, descente de rapides en canot, ski de fond, raquette, vélo de montagne, voile, planche à voile, ski nautique, plongée sous-marine, équitation, golf, etc.
○ 14. l'entraînement à la maison.	Exerciseurs cardiovasculaires, DVD d'exercice, émissions de mise en forme à la télévision, corde à sauter, etc.

Bilan 13.1 (suite)

D. Vos besoins

J'ai besoin...	Quelques suggestions
○ 15. d'améliorer mon endurance cardiovasculaire et musculaire.	Marche sportive, jogging, ski de fond, vélo, patin à roues alignées, exerciseurs cardiovasculaires, DVD d'exercice, natation, soccer, water-polo, etc.
○ 16. d'améliorer ma force musculaire.	Musculation, escalade, canot, vélo de montagne, arts martiaux, hockey, etc.
○ 17. d'améliorer ma souplesse	Yoga, méthode Feldenkrais, ballet jazz, danse moderne, exercices d'étirement, Pilates, gymnastique sur table, etc.
○ 18. de diminuer mes réserves de graisse.	Marche rapide, jogging, vélo à vitesse modérée, ski de fond, natation, raquette, combinaison d'activités cardiovasculaires et musculation, etc.
○ 19. d'améliorer ma posture	Danse classique ou moderne, ballet jazz, danse populaire, méthodes posturales (méthode Mézières, *rolfing*), etc.
○ 20. d'améliorer ma capacité de me détendre.	Méthodes de relaxation (relaxation progressive de Jacobson, training autogène, massothérapie, etc.), activité physique en général.
○ 21. d'avoir des contacts sociaux.	Voir le point 5 ci-dessus.
○ 22. de me retrouver seul.	Voir le point 4 ci-dessus.
○ 23. de me retrouver dans la nature.	Voir le point 13 ci-dessus.
○ 24. d'éprouver des sensations fortes.	Voir le point 11 ci-dessus.
○ 25. d'échapper à une structure trop rigide.	Voir le point 12 ci-dessus.

E. Le temps dont vous disposez

Je peux consacrer à une séance d'activité physique...	Quelques suggestions
○ 26. moins de 30 minutes.	Marche rapide, jogging, exerciseurs cardiovasculaires, corde à sauter, etc.
○ 27. entre 30 et 60 minutes.	Outre les activités mentionnées au point 26 : squash, racquetball, badminton, danse aérobique, danse de société, volleyball, patin à roues alignées, patin sur glace, tennis de table, vélo, gymnastique douce, escrime, tir à l'arc.
○ 28. de 1 heure à 2 heures.	Outre les activités mentionnées aux points 26 et 27 : tennis, hockey, arts martiaux, sports d'équipe en général.
○ 29. plus de 2 heures.	Outre les activités mentionnées aux points 26 à 28 : golf, ski de fond, ski alpin, surf des neiges, activités de plein air (planche à voile, escalade, canot, équitation, etc.).

En conclusion,

mes trois premiers choix sont...

1. _____
2. _____
3. _____

Réflexion personnelle

Justifiez à présent votre choix d'activité(s) physiques(s) en fonction de :

Vos goûts ou intérêts :

_____
_____
_____

Vos besoins :

_____
_____
_____

Vos capacités :

_____
_____
_____

Votre disponibilité :

_____
_____
_____

Votre budget :

_____
_____
_____

méninge 14
à vos méninges 14

Remarque : Il peut y avoir plus d'une bonne réponse par question.

1. Il est recommandé d'appliquer le « principe des pelures d'oignon » quand on pratique une activité physique par temps froid. Qu'est-ce que cela signifie ?

a) Porter des vêtements qui protègent bien du vent.

b) Porter un parka bien matelassé.

c) Porter plusieurs couches de vêtements minces qui enferment l'air et procurent une bonne isolation.

d) Porter plusieurs couches de vêtements épais et chauds qui procurent une bonne isolation.

e) Aucune des réponses précédentes.

2. Parmi les raisons suivantes, laquelle ou lesquelles justifient l'échauffement qui précède la pratique d'une activité physique ?

a) L'augmentation graduelle du rythme cardiaque au cours de l'échauffement prépare le cœur à faire face à des efforts plus soutenus.

b) L'échauffement stimule le système parasympathique, ce qui favorise une meilleure performance.

c) L'échauffement élève la température du corps, ce qui accroît l'efficacité des réactions chimiques dans les cellules musculaires.

d) Les influx nerveux se propagent plus rapidement lorsque la température du tissu musculaire s'élève quelque peu.

e) La chaleur engendrée par l'échauffement diminue la résistance du tissu conjonctif et musculaire, ce qui favorise l'amplitude articulaire et l'élongation du muscle.

3. Qu'est-ce qu'un coup de chaleur ?

a) Une fatigue musculaire généralisée.

b) Une transpiration excessive.

c) Le résultat d'un coup de soleil grave.

d) Le dérèglement complet du système qui contrôle la température du corps.

e) Aucune des réponses précédentes.

4. À quel moment de la journée les rayons ultraviolets sont-ils les plus forts ?

a) Entre 9 h et 11 h.

b) Entre 15 h et 16 h.

c) Entre 12 h et 13 h.

d) Entre 11 h et 14 h.

e) Entre 11 h et 12 h.

5. Que fait-on pour appliquer la méthode CERF ?

a) On demande à la victime de s'allonger et de se reposer, puis on applique de la glace et une compresse sur la blessure.

b) On applique de la chaleur et on élève le membre blessé au-dessus du niveau du cœur.

c) On enveloppe d'abord le membre blessé pour exercer une légère compression, puis on élève le membre blessé et on demande à la victime de se reposer.

d) On demande à la victime de s'allonger et de se reposer, on élève le membre blessé, on applique de la glace pendant quelques minutes, puis on enveloppe le membre blessé en exerçant une certaine pression.

e) Aucune des réponses précédentes.

6. Quels phénomènes permettent au corps d'évacuer la chaleur produite par les muscles ?

a) L'élévation de la température du corps.

b) L'évaporation de la sueur.

c) La vasoconstriction des vaisseaux sanguins.

d) La convection de l'air ambiant.

e) L'élévation du pouls et de la pression artérielle.

7. À quoi sert la première couche de vêtements quand on applique le principe des pelures d'oignon ?

a) Garder le corps au sec en absorbant l'humidité produite par la transpiration.

b) Couper le vent.

c) Protéger du froid.

d) Empêcher la transpiration.

e) Aucune des réponses précédentes.

8. Selon le principe des pelures d'oignon, quel est le meilleur choix de fibres pour les vêtements de la troisième couche ?

a) La laine polaire.

b) Le polyester.

c) Un mélange de coton et de polypropylène.

d) Des fibres synthétiques entièrement imperméables.

e) L'acrylique.

9. **Quelles sont les zones du corps les plus sensibles aux basses températures quand on pratique une activité physique ?**

- ◯ **a)** Le tronc, les mains et les pieds.
- ◯ **b)** La tête, les épaules et le tronc.
- ◯ **c)** Les pieds, les jambes et les cuisses.
- ◯ **d)** La tête, les mains et les pieds.
- ◯ **e)** La tête et le tronc.

10. **Si vous pratiquez plusieurs sports d'intérieur, quel est le meilleur choix de chaussures ?**

- ◯ **a)** Des chaussures de jogging.
- ◯ **b)** Des chaussures multisport.
- ◯ **c)** Des chaussures à semelle antidérapante.
- ◯ **d)** Des chaussures à talon surélevé.
- ◯ **e)** Des chaussures à talon plat.

11. **Parmi les blessures suivantes, lesquelles sont les plus fréquentes chez les personnes physiquement actives ?**

- ◯ **a)** Les ampoules, les fractures et les claquages musculaires.
- ◯ **b)** Les tendinites, les bursites et les fractures des côtes.
- ◯ **c)** Les bursites, les périostites et les ongles noirs.
- ◯ **d)** Les tendinites, les fasciites plantaires et les bursites.
- ◯ **e)** Aucune des réponses précédentes.

12. **Complétez les phrases suivantes.**

a) Une bonne chaussure de sport doit être

_____ , durable et bien

_____ .

b) Magasinez toujours l'achat de chaussures en fin

_____ , quand vos pieds sont

légèrement _____ .

c) À l'achat de chaussures, faites mesurer vos deux

_____ , puisqu'ils ne sont pas

nécessairement de la même largeur.

BILAN 14.1

Votre préparation physique et mentale

Ce chapitre porte sur les règles à suivre pour pratiquer une activité physique sans danger et de manière agréable. Appliquez-vous ces règles ? Le bilan qui suit vous aidera à répondre à cette question en détail. Pour évaluer votre niveau de préparation physique et mentale, lisez d'abord chaque situation et cochez pour chaque règle la situation qui vous correspond le mieux. Accordez-vous des points comme suit : **deux points** chaque fois que vous cochez la colonne *Toujours* ; **un point**, la colonne *Parfois* ; **aucun point**, la colonne *Jamais*. Ensuite, comptez vos points et interprétez vos résultats.

J'observe la règle suivante :	Toujours	Parfois	Jamais
1. Pour vérifier si je suis apte à pratiquer l'activité physique, je réponds aux questions du Q-AAP (p. 183 du manuel) et je consulte un médecin si j'ai des doutes sur mon état de santé.			
2. Avant de me lancer dans un programme d'activité physique, je fais le point sur ma condition physique.			
3. Par temps chaud, je m'habille légèrement.			
4. Par temps froid, j'applique le principe des pelures d'oignon.			
5. S'il fait très chaud ou très froid, je prends les précautions qui s'imposent pour me protéger contre la déshydratation ou les engelures.			
6. Je prends le temps de bien choisir mes chaussures de sport.			
7. Si je m'entraîne 30 minutes ou plus, je bois de l'eau régulièrement et en quantité suffisante.			
8. Quand je pratique une activité physique au soleil, je protège ma peau.			
9. En cas de blessure ou de douleur, je prends les mesures qui s'imposent.			
10. Je m'échauffe avant de pratiquer une activité physique.			
11. Après une activité physique, je me préoccupe du retour au calme.			
12. Si je suis physiquement très actif, j'ajuste mon régime alimentaire pour manger un peu plus de glucides.			
13. J'évite de prendre un gros repas juste avant une activité physique.			

Pour les règles 14 et 15, accordez-vous deux points si vous cochez la colonne *Oui*, et aucun point si vous cochez la colonne *Non*.

J'ai observé la règle suivante :	Oui	Non
14. J'ai rempli la partie A du bilan 13.1 afin de connaître mon degré de motivation pour l'exercice.		
15. J'ai fait l'exercice suggéré page 379 du manuel afin de bien savoir comment je perçois la pratique régulière de l'activité physique.		

Faites le total des points obtenus. _____

Ce que votre résultat signifie…

25 points et plus. Votre niveau de préparation physique et mentale est plus que suffisant.

De 19 à 24 points. Vous démontrez un certain degré de préparation physique et mentale, mais celle-ci est insuffisante. Un peu de discipline pourrait toutefois renverser la vapeur. Il n'en tient qu'à vous !

De 13 à 18 points. Votre préparation physique et mentale est très incomplète, ce qui pourrait nuire à votre bien-être et augmenter votre risque de blessures quand vous pratiquez une activité physique. Vous n'êtes pourtant pas loin de la catégorie précédente. Allez, faites un petit effort pour améliorer votre préparation !

12 points et moins. Votre préparation physique et mentale est déficiente, pour ne pas dire inexistante. Si vous êtes physiquement actif et si, en plus, vous pratiquez des activités vigoureuses, le risque de nuire à votre bien-être et de vous blesser est très élevé. Mais ne désespérez pas. Demandez-vous plutôt ce que vous pouvez faire pour améliorer votre niveau de préparation. Cet exercice de réflexion en vaut la peine, si vous aimez l'activité physique vigoureuse. Après tout, un bon niveau de préparation physique et mentale n'est pas difficile à atteindre.

Si le bilan de votre préparation physique et mentale révèle une préparation incomplète ou nettement insuffisante, comptez-vous faire quelque chose pour améliorer la situation ?

○ Oui   ○ Non

Si oui, quelles règles comptez-vous observer pour améliorer votre niveau de préparation ?

_____

_____

_____

Si non, expliquez pourquoi ?

_____

_____

_____

BILAN 14.2

Avez-vous changé?

Voilà une question qu'il est légitime de poser au terme de votre cours d'éducation physique. Pour y répondre, il vous suffit de vous situer à nouveau sur l'échelle du changement. Cette échelle est légèrement différente de celle présentée dans le chapitre 1 (p. 6). Lisez attentivement les assertions qui suivent et cochez uniquement celle qui vous concerne.

○ **a)** Au moment où je lis ce texte, je suis toujours en mode « action » et je respecte toujours l'engagement ou les engagements que j'ai pris dans l'un ou l'autre des bilans suivants : bilan 2.2 (engagement vis-à-vis de l'activité physique), bilan 3.2 (engagement vis-à-vis de l'alimentation), bilan 4.2 (engagement vis-à-vis du stress), bilan 5.2 (engagement vis-à-vis de la cigarette) et bilan 5.4 (engagement vis-à-vis de l'alcool).

○ **b)** Au moment où je lis ce texte, je suis effectivement passé à l'action pendant mon cours d'éducation physique afin de respecter l'engagement ou les engagements que j'ai pris dans l'un ou l'autre des bilans suivants : bilan 2.2 (engagement vis-à-vis de l'activité physique), bilan 3.2 (engagement vis-à-vis de l'alimentation), bilan 4.2 (engagement vis-à-vis du stress), bilan 5.2 (engagement vis-à-vis de la cigarette) et bilan 5.4 (engagement vis-à-vis de l'alcool). Hélas ! Je n'ai pas tenu le coup longtemps !

○ **c)** Je ne suis pas encore passé à l'action, mais je vais le faire afin de respecter l'engagement ou les engagements que je vais prendre dans l'un ou l'autre des bilans suivants : bilan 2.2 (engagement vis-à-vis de l'activité physique), bilan 3.2 (engagement vis-à-vis de l'alimentation), bilan 4.2 (engagement vis-à-vis du stress), bilan 5.2 (engagement vis-à-vis de la cigarette) et bilan 5.4 (engagement vis-à-vis de l'alcool).

○ **d)** Je réfléchis toujours à la question car j'ignore ce que je vais faire.

○ **e)** J'ai bel et bien identifié des comportements que je pourrais changer, mais cela me laisse toujours indifférent car je ne crois pas que ma santé va en souffrir.

○ **f)** J'ai bel et bien identifié des comportements que je pourrais changer, mais cela me laisse toujours indifférent, que ma santé en souffre ou pas.

Comparez maintenant votre position sur l'échelle du changement à celle que vous occupiez au début du cours.

Position au début du cours (indiquez la lettre) : _____

Position à la fin du cours (indiquez la lettre) : _____

Que concluez-vous ?

_____

_____

_____

© ÉDITIONS DU RENOUVEAU PÉDAGOGIQUE INC.

BILAN 14.3

La question-synthèse

Au terme de ce cours, êtes-vous capable de situer votre pratique de l'activité physique parmi les habitudes de vie qui favorisent votre santé? Pour répondre correctement à cette question, vous devez, dans un premier temps, faire une analyse critique de votre mode de vie et de son incidence sur votre santé actuelle et future. Vous devez aussi parler du rapport entre une bonne santé et la pratique d'activités physiques associées à vos besoins, à vos capacités et aux facteurs qui vous motivent. Dans un deuxième temps, et compte tenu de l'autoanalyse que vous venez de faire, vous devez faire ressortir les comportements les plus à risques pour la santé dans les habitudes de vie de notre population et établir un scénario réaliste des répercussions monétaires et sociales propres à de tels comportements sur l'avenir de notre système universel et gratuit de soins de santé.

_____

_____

_____

_____

_____

_____

_____

_____

_____

_____

_____

_____

_____

_____

_____

_____

_____

FICHE 1
Le journal de mes comportements

Comportements	L		M		M		J		V		S		D	
J'ai pris des repas variés et équilibrés.	Oui ◯ Non ◯		Oui ◯ Non ◯		Oui ◯ Non ◯		Oui ◯ Non ◯		Oui ◯ Non ◯		Oui ◯ Non ◯		Oui ◯ Non ◯	
J'ai fait un peu d'exercice.	Oui ◯ Non ◯		Oui ◯ Non ◯		Oui ◯ Non ◯		Oui ◯ Non ◯		Oui ◯ Non ◯		Oui ◯ Non ◯		Oui ◯ Non ◯	
Je ne me suis pas senti stressé ni tendu.	Oui ◯ Non ◯		Oui ◯ Non ◯		Oui ◯ Non ◯		Oui ◯ Non ◯		Oui ◯ Non ◯		Oui ◯ Non ◯		Oui ◯ Non ◯	
J'ai fumé moins de 5 cigarettes ou je n'ai pas fumé.	Oui ◯ Non ◯		Oui ◯ Non ◯		Oui ◯ Non ◯		Oui ◯ Non ◯		Oui ◯ Non ◯		Oui ◯ Non ◯		Oui ◯ Non ◯	
Je n'ai pas bu d'alcool ou j'ai pris moins de 2 verres.	Oui ◯ Non ◯		Oui ◯ Non ◯		Oui ◯ Non ◯		Oui ◯ Non ◯		Oui ◯ Non ◯		Oui ◯ Non ◯		Oui ◯ Non ◯	

Réflexion personnelle

Que concluez-vous à propos de votre persévérance dans l'effort ?

_____

_____

_____

_____

_____

_____

_____

_____

FICHE 2

Programme de 15 heures supervisé par un professeur d'éducation physique

	Date	Durée	Intensité*	Activité**	Commentaires	Témoin
1.						
2.						
3.						
4.						
5.						
6.						
7.						

*   Pulsation à l'effort (FCC) pour les activités de type aérobique ; séries et répétitions pour la musculation ; perception subjective de l'effort (faible, moyen, intense) pour les autres activités.

** Exemples de formules possibles pour la pratique d'une activité :
    (1) 15 × 1 h pour la pratique d'une activité de type conditionnement physique ;
    (2) 10 × 1 h 30 pour la pratique d'une activité individuelle ;
    (3) 8 × 2 h pour la pratique d'un sport collectif ou d'une activité de groupe ;
    (4) 5 × 3 h pour la pratique d'une activité de plein air (ski alpin, escalade, canotage, etc.).

	Date	Durée	Intensité*	Activité**	Commentaires	Témoin
8.						
9.						
10.						
11.						
12.						
13.						
14.						
15.						

* Pulsation à l'effort (FCC) pour les activités de type aérobique ; séries et répétitions pour la musculation ;
perception subjective de l'effort (faible, moyen, intense) pour les autres activités.

** Exemples de formules possibles pour la pratique d'une activité :
(1) 15 × 1 h pour la pratique d'une activité de type conditionnement physique ;
(2) 10 × 1 h 30 pour la pratique d'une activité individuelle ;
(3) 8 × 2 h pour la pratique d'un sport collectif ou d'une activité de groupe ;
(4) 5 × 3 h pour la pratique d'une activité de plein air (ski alpin, escalade, canotage, etc.).

FICHE 3

Programme d'amélioration de l'endurance cardiovasculaire

Fréquence cardiaque cible : minimale : _____ /15 s ; maximale : _____ /15 s

	Date	Programme cardiovasculaire	Durée	FC1*	FC2*	Commentaires	Contrôle
1.							
2.							
3.							
4.							
5.							
6.							
7.							
8.							
9.							
10.							
11.							
12.							
13.							

* FC1 : fréquence cardiaque immédiatement après l'effort ;
FC2 : fréquence cardiaque une minute après l'effort.

	Date	Programme cardiovasculaire	Durée	FC1*	FC2*	Commentaires	Contrôle
14.							
15.							
16.							
17.							
18.							
19.							
20.							
21.							
22.							
23.							
24.							
25.							
26.							
27.							
28.							
29.							
30.							

* FC1 : fréquence cardiaque immédiatement après l'effort ;
FC2 : fréquence cardiaque une minute après l'effort.